사례로 풀어보는
지분경매

사례로 풀어보는
지분경매

지분경매 해결 TWO 기둥
= 소송+협상

조홍서 지음

매일경제신문사

머리말

지분경매를 잘하기 위한 4가지 핵심 포인트! (소송+협상)

1. 내용증명 발송(1~2회)
2. 부동산 가압류 및 부당이득금반환소송
3. 부동산 처분금지가처분 및 공유물분할청구소송
4. 협상 5법칙: ㅅ ㅇ ㅈ ㅊ2

이 책은 필자의 전작인 《지분경매로 토지 개발업자 되기》에서 다루지 못한 부분인 지분경매에서의 실전사례들을 수록해 중점적으로 공부할 수 있게 구성했다.

위의 4가지 요소가 (소송+협상) 지분경매를 해결하는 핵심 포인트이니 본문에 들어가기에 앞서 반드시 먼저 암기해야 한다. 본문에서 이 4가지 핵심 사항을 중심으로 공부해나갈 것이다. 이것은 실전에서 해결 프로세스로서의 무기로 사용되기 때문이다.

부동산 가압류, 부당이득금반환소송, 부동산 처분금지가처분, 공유물분할청구소송 등 소장 작성하는 방법에 관해서도 전자소송으로 진행하는 방법과 인지 및 송달료 납부와 공유물분할 소장 제출 시 어려워하는 건물소가 산정에 대해 계산하는 방법을 대한법률구조공단 '소가 자동계산기'를 통해서 공부하면 누구나 쉽게 진행을 할 수 있도록 자세히 설명했다.

지분경매 해결 프로세스 중 첫 단추인 내용증명 발송에 대한 다양한 송달 사항인 폐문부재, 이사불명, 수취인불명, 수취거절 등에 대해서 실례를 들어 해결 프로세스를 설명했다.

> 내용증명 발송 후 다양한 송달 사항들
> 1. 폐문부재
> 2. 이사불명
> 3. 수취인불명
> 4. 수취거절

첫 번째 프로세스 '소송'에 대해서도 '전자소송'으로 진행하는 법에 관해서 설명했다. 소송을 진행하기 위해서 얼마 전까지는 주로 오프라인 위주로 종이를 만든 소장을 등기우편으로 발송하거나 직접 법원을 찾아가서 접수했다. 그러나 4차산업시대인 요즘은 당연히 소송도 인터넷으로 진행하는 시대에 접어들어 '전자소송'으로 진행하는 경우가 대부분이다.

소송을 진행한다고 생각하면 소송에 대해서 별로 접해보지 않은 경·공매 투자자들은 지레 겁을 먹고 회피하는 경향이 있다. 그러나 남들이 접근하기 어려운 소송에 대해 잘 알게 된다면 재테크의 특수한 기술을 익히게 되어 누구보다도 경쟁력 있는 투자자가 될 수 있다.

만만찮은 시간과 비용이 필요한 소송, 게다가 복잡한 절차로 인해 소송이 어렵게만 느껴지는 분들은 이 책에 '전자소송'에 대해 자세히 설명했으니 투자에 도움이 되었으면 한다.

법원 '전자소송' 홈페이지를 통해 소장, 답변서, 준비서면 등을 제출하고 소송 절차를 인터넷 방식으로 진행해나가는 소송 방식인데, 우리가 지분경매에서 진행하는 대부분 소송은 전자소송으로 진행할 수 있다. 한번 배우면 평생 써먹는 기술이니 공들여서 배워보면 생각보다 쉽게 익힐 수 있다는 것을 알게 된다. 다만 형사재판의 경우는 전자소송에서 제외된다.

전자소송은 법원에 방문할 필요 없이 언제 어디서나 전자소송 홈페이지를 통해 서류 제출 및 기록 열람이 가능해 편리하다. 전자소송으로 진행하면 인지액이 10% 저렴하고, 이메일과 문자메시지로 송달되므로 송달료도 거의 들지 않는다.

오프라인 종이소송으로 진행하던 사건도 전자소송으로 간단히 변경할 수 있다. 전자소송 홈페이지에서 회원가입 후, 전자소송 홈페이지 상단의 '나의 전자소송'을 누르고 전자소송 사건등록 메뉴에서 전자소송 절차 진행에 따른 동의와 사건 등록을 하면 된다.

지분경매를 해소하는 소송 프로세스 중 부동산 가압류 및 부당이득금반환소송, 부동산 처분금지가처분 및 공유물분할청구 및 형식적 경매 신청 부분을 전자소송 절차 및 진행 방법에 대해 자세히 설명하고 있으니 참고하기 바란다.

지분경매 해결 프로세스 중 두 번째인 협상에 관한 부분에 대해서는 다음 5가지의 머리글자(ㅅ, ㅇ, ㅈ, ㅊ2)를 외우고 체화시킨다면, 실전에서 반드시 성공적인 투자의 길로 갈 수 있을 것이다.

5가지의 앞 글자(ㅅ, ㅇ, ㅈ, ㅊ2)를 꼭 기억하자!

> **협상 노하우 ㅅ, ㅇ, ㅈ, ㅊ2 법칙**
> - 상급자 법칙(상급자를 가상으로라도 만들어라)
> - 엄살 부리기(엄청 놀라는 척을 해라)
> - 질문하기(대답을 많이 하기보다는 질문을 하라)
> - 침묵하기(무조건 침묵한다고 생각해라)
> - 첫 제안에 예스 안 하기

실전에서 무수히 쓰이고 있는 매우 중요한 협상의 무기들이다.

여기서 지분경매의 초심자들이 실전에서 실수하기 쉬운 법리에 관해서도 소개했는데, 타 공유자의 지분에 2억 원 상당의 가압류가 경료되어 있는데도 현물분할의 공유물분할 소장을 제출한 큰 실수를 한 것에 대해 자세히 설명했다.

가압류 등기 등 제한사항의 등재를 막기 위해 부동산 처분금지가처분을 타 공유자 지분에 올리는 것인데, 바로 이 가처분 신청을 안

한 것이 실수라는 것을 실제 서류를 제시하며 설명했다. 또한, 전사(轉寫)법리를 모르고 현물분할 신청한 것이 또한 커다란 실수인 것에 관해서도 설명했다.

공유 지분 등기부등본 위의 제한물권은 공유물분할 중 현물분할의 경우, 그대로 전사(轉寫)된다. 즉, '모두 옮겨진다'라는 뜻이다.

이 책은 지분경매의 기초를 공부하신 분들의 실전 테크닉을 키우기 위한 교본이자, 지분경매를 잘 하기 위한 소송과 협상법을 어떻게 활용하는지에 관한 실전사례집이니 반복해 공부하길 권한다. 실전에 임할 때 다른 투자자들이 어떤 프로세스로 해결했는지 따라가며 배우고 익혀 성공적인 투자를 하기 바란다.

지분경매 실전연구소
조홍서

차 례

머리말 ··· 4

PART 01 지분경매 해결하는 첫 단추

1	내용증명 보낼 때 시한을 정해야 한다	15
2	인터넷 우체국에서 내용증명 보내는 방법	24
3	도달되지 않는 내용증명 처리하는 법	29
4	주소가 해외로 등록된 경우 처리하는 법	43
5	소송 진행 중 타 공유자 중에서 사망자가 있을 때 대응 방안	62

PART 02 지분경매 해결은 부드러움이 이긴다

1	제자들의 '협상'을 통한 해결 (ㅅ, ㅇ, ㅈ, ㅊ2 법칙)	79
2	'협상'이 결렬되면 이제 소송으로 해결	86
3	협상이 지지부진하면 공유물분할소송 제기	97
4	소제기하니 조정실에서 협의를…	150

PART 03 지분경매 전자소송으로 제기하는 법

1 전자소송, 처음인가요? — 163
2 전자소송으로 부동산 처분금지가처분 신청하기 — 167
3 전자소송으로 공유물분할소송 신청하기 — 179
4 전자소송으로 부동산 가압류 신청하기 — 192
5 전자소송으로 부당이득금반환청구의 소 신청하기 — 210
6 전자소송으로 형식적 경매 신청하기 — 224

PART 04 지분경매 실전사례

1 '지분경매', 공매에서 더 좋은 기회가 있다 — 235
2 지분경매에 도전한 경매 초보자의 해결 패턴 — 249
3 타 공유자가 낙찰받은 물건에 거주하는 경우 — 265
4 내용증명, 가처분과 인도명령으로 협의 시도 — 274

Part
01

지분경매 해결하는
첫 단추

1
내용증명 보낼 때
시한을 정해야 한다

지분경매 물건을 낙찰받은 후, 잔금을 치르고 제일 먼저 공식적으로 할 수 있는 것이 내용증명 보내기다.

낙찰받은 내가 상대방인 타 공유자에게 먼저 연락하지 않으면 상대방은 나에게 연락을 먼저 해오는 경우가 거의 없다. 그러니 지분경매 물건을 낙찰받은 후, 내가 공식적으로 상대방과 접촉할 수 있는 유일한 수단이 바로 '내용증명' 보내기다.

먼저 내용증명을 3부 만들어서 직접 우체국에 가서 발송하거나 인터넷 우체국에서 온라인으로 보내는 방법이 있다. 아무래도 편리하게 보내는 방법은 인터넷 우체국에서 온라인으로 보내는 방법이니, 뒤에서 다시 설명하겠다.

내용증명은 우편법시행령(46조)에서 어떤 내용을, 언제, 누가, 누구에게 전송했는지 그 보낸 사실을 발송인인 내가 작성한 원본에 따라 우체국장이 공식적으로 증명하는 제도다. 내용증명 작성 방법은 법으로 정해진 것은 없지만, 그래도 어느 정도의 형식은 갖추어야 한다.

다음 페이지 내용증명 문서와 같이 제일 윗부분에 제목을 써 주는데, 보통 내용증명이라고 쓰는 것보다는 '통지서'라는 제목으로 만드는 것이 좋다.

그리고 수신인과 발신인을 적어야 하는데, 우편 봉투에 적는 내용과 정확히 일치해야 한다. 만약 일치하지 않으면 우체국 창구에서 정정을 요구받는데, 그러면 다시 작성해야 하는 수고를 해야 하니 반드시 본문의 수신인 및 발신인의 이름, 주소와 봉투의 이름, 주소를 다시 한번 확인해야 한다.

본문을 쓸 때 첫 번째로 먼저 인사를 하는데, 되도록 부드러운 표현을 사용하는 것이 좋다. 처음부터 기분 나쁜 표현을 사용하거나, 법을 운운하며 발송하는 것은 협상 차원에서 하지 말아야 할 행동이니 반드시 명심해 부드러운 표현을 사용하기 바란다.

낙찰받은 후, 내용증명은 잔금을 납부한 후에 발송하는 것이 좋다. 잔금을 납부해야 진정한 지분물건의 소유자이므로 잔금을 납부한 후 내용증명을 보낸다면 상대방이 이의를 제기하지 못하지만,

급한 마음에 잔금 납부 전에 먼저 보낸다면 상대방으로부터 이의제기를 받을 수 있으니 아무리 마음이 급해도 잔금 납부 후에 내용증명을 발송하기를 바란다.

그리고 작성이 완료되면 3장을 프린트해서 가까운 우체국으로 간다. 1장은 우체국 보관용, 다른 1장은 상대방에게 보내고, 나머지 1장은 발신자인 내가 보관한다. 만약 내용증명서를 분실한 경우, 3년 이내에 한해 발송한 해당 우체국에서 열람 및 발급을 할 수 있다. 그래서 우체국에 1장을 보관하는 것이다.

내용증명을 보낼 때는 상대방이 회신해줄 기한을 꼭 명시해서 보내야 한다. 만약 이 기한을 적지 않으면 답신을 기다리는 동안 나만 답답해지는 경우가 많아 언제 내가 다시 연락을 취할지, 아니면 법적으로 바로 대처할지, 의사결정을 언제 해야 할지 등등 정하지 못하는 경우가 많이 생길 것이다.

필자가 매주 수요일 저녁마다 진행하는 오프라인 실전반 과정에서 수업하다 보면, 원하는 기한을 쓰지 않고 언제까지 기다려야 하는지 답답해하는 경우를 많이 보았기 때문에 언제까지 연락을 바란다는 기한을 꼭 써서 보내야 한다.

요즘은 문자 메시지 혹은 카카오톡 메시지를 통해서도 연락할 수가 있지만, 내용증명을 보내는 것은 내가 낙찰받아도 타 공유자의 전화번호를 알 수가 없는 경우가 대부분이므로 처음부터 문자 메시지나 카카오톡 메시지를 통해서 연락을 취할 수는 없을 것이다. 문자 메시지나 카카오톡 메시지를 통한 연락은 내용증명으로 연락을 취해서 상대방으로부터 나에게 전화 연락이 와 상대방의 전화번호를 알 때 보내는 것이므로, 첫 번째 연락은 내용증명으로 보내야 한다.

  그 이후에도 증거의 효과는 문자나 카카오톡 메시지로 연락을 취하는 것보다 내용증명이 훨씬 강하니 되도록 내용증명으로 연락을 취하는 것이 더 좋다.

  내용증명을 보낼 때는 나중에 공유물분할청구의 소 및 부당이득금 반환청구의 소등을 청구할 때 증거서류로 사용하는 것도 염두에 두어야 할 것이다. 꼭 다음과 같은 내용으로 보내지 않고 자신이 낙찰받은 지분 부동산의 상황에 맞게 수정해서 보내도 된다.

  그러나 처음에 내용증명을 보낼 때는 너무 많은 내용을 적어서 보내기보다는 간단하게 지분해소 문제를 의논하고 싶으니 몇 월 며칠까지 연락을 바란다는 내용으로 간단하게 보내는 것이 좋다.

  다음 내용증명은 공매로 낙찰받은 후 처음 보내는 통지서다. 처음으로 상대방에게 보낼 때는 제목을 내용증명으로 보내기보다는 '통지서'라고 보내는 것이 부드럽게 느껴질 것이니 제목을 고쳐서 보내기를 권한다. 지분해소 문제를 의논하고 싶다는 간단한 내용의 통지서로 보내는 것이 좋다.

다음에 소개하는 구체적인 지분해소 방법을 제시하는 내용의 '통지서'는 첫 번째 통지에 답이 없을 때 사용할 수 있도록 조금 더 나의 제안을 적어서 보내는 방법을 예시로 올려놓은 것이니 참고해 자신의 사정에 맞게 수정해 사용하길 바란다.

내 용 증 명

■ 제목 : 지분토지 해소

수신인 1 :
주소 :

수신인 2 :
주소 :

<부동산의 표시>

1. 경상남도   6-3, 대지 64㎡ 지분 (총면적 192㎡)

2. 경상남도   26-6, 전 45.333㎡ 지분 (총면적 136㎡)

안녕하십니까
발신인은 상기 부동산 3분의 1 지분(물건관리번호 : 2019-   )을 공매 낙찰후 잔금을 납부(2019년 8월 27일)한 소유자입니다.
지분을 해소하고자 하오니 서슴없이 저와 의논해 주시길 부탁드립니다.
(연락처 : 010-
경황이 없으시더라도 2019년 9월 3일 까지 서면이나 전화 또는 문자로 답변을 부탁드립니다.
늦여름 건강에 유의하시기 바라며 귀하의 건승을 기원합니다.

2   .27.(화)

발신   (인)
연락처 :
주소 : 경남

협상의 3요소 'TIP' 중에 영어 I자가 Information, 즉 정보의 약자 I자인데 정보를 말하는 것이다. 나의 정보는 적게 주고 상대방의 정보는 되도록 많이 가지고 오는 것이 협상의 중요 3요소 중 하나이니 명심하기 바란다. 나의 정보를 상대방에게 많이 주기보다는 되도록 상대방의 정보를 내가 더 많이 획득하는 것이 협상에서의 유리한 고지를 점령하게 된다. 참고로 T는 Time, P는 Power의 약자이니 더 많은 협상 공부를 하기 위해서는 전문 협상 서적으로 실력을 넓히기를 적극적으로 권한다.

다음에 소개하는 통지서는 구체적인 지분해소 방법을 제시하는 2번째로 보내는 내용의 '통지서'다.

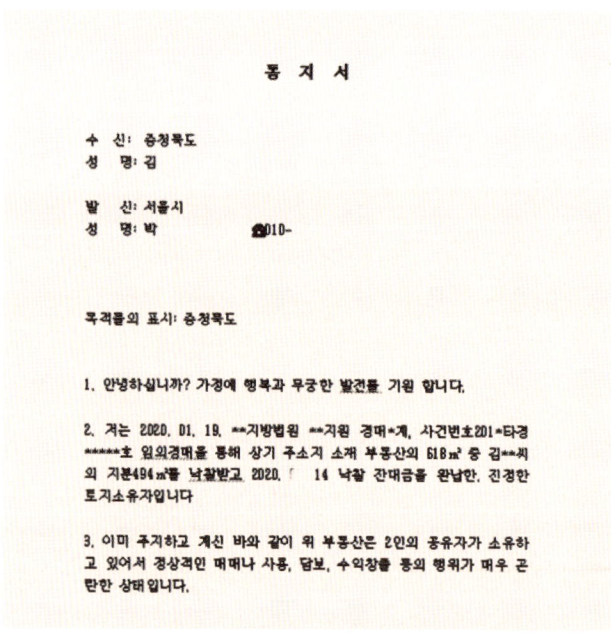

> 4. 이에 본인은 다음과 같은 대책 안을 제시하여 귀하께서 선택하시는 방향으로 협의를 하고자 하오니 긴급한 회신을 하여주시기 바랍니다.
>
> -다 음-
>
> 1) 본인의 지분을 귀하께서 매입하는 방안.
> 2) 귀하의 지분을 본인에게 매도하는 방안.
> 3) 토지 전체를 매도하여 지분대로 분할하는 방안.
> 4) 합의 하에 땅을 분필하는 방안.
>
> 3. 위 토지에 대하여 지분해소 문제를 상의 드려야 하오니 어려우신 사정이 있으시겠지만 원만한 해결을 위해 한자리에 모여 의논을 했으면 합니다
>
> 끝
>
> 위 발신인: 박 ** (인)

통지서에서 지분해소 방안을 4가지 정도 제시했는데 내용은 다음과 같다.

1) 낙찰자인 나의 지분을 타 공유자가 매입하는 방안
2) 타 공유자의 지분을 나에게 매도하는 방안
3) 토지 전체를 부동산 시장에 매도해 지분대로 매각가를 분할

하는 방안
4) 합의하에 땅을 분필하는 현물분할 방안

이 방법들을 지분해소시키는 방법으로 제시했다.

물론 연락이 기한 안에 올 수도 있지만, 묵묵부답으로 전혀 연락이 오지 않는 경우도 있을 것이다. 연락이 오면 커피숍 등에서 만나 지분해소 문제를 의논하면 되겠지만, 세상사가 그렇게 만만하게 진행되는 게 아니기에 많은 협상의 노하우가 필요하다.
 전혀 연락이 없다면 내용증명을 1번 더 발송하고 2번째 발송에도 만약 연락이 없다면 이후에 일어나는 모든 일의 책임은 전부 귀하에게 있음을 알리는 내용을 추가해서 보내도 좋다.
 그럼에도 불구하고 연락이 없다면 바로 공유물분할청구 소송을 진행해야 더는 시간을 지체하지 않을 것이다.

다음은 내가 보낸 통지서를 받고 타 공유자가 보내온 답변 '통지서'이다. 물론 앞의 내용증명에 대한 답변 통지서는 아니지만, 투자자들이 참고하기에는 충분하기에 공개한다.

낙찰자인 내가 통지서에 나의 전화번호를 적어 보내니 타 공유자가 이 내용을 받고 연락을 취했으나 전화를 받지 않아 타 공유자가 낙찰자인 나에게 보내온 통지서다. 지분해소에 관해 먼저 낙찰자인 내가 방법을 제시해보라는 타 공유자의 지분해소 방법에 대한 답변이므로 긍정적인 신호다.

  이 건은 바로 해결되지는 않았지만, 상대방과 커피숍에서 만나 지분해소 문제에 관해 충분히 의견을 나누었다.

  이같이 지분해소를 위한 첫 출발점인 내용증명 보내기를 통해 내 번호를 상대에게 알려주고, 상대방에게서 연락이 오면 미팅을 통해 협상으로 이끄는 것이 순서다.

  여기서도 협상이 결렬되면 바로 소송의 순으로 들어가면 된다.

통지서

귀하의 무궁한 발전을 기원합니다.
1. 귀하께서 보내신 통지서를 받고, 알려주신 연락처로 전화와 문자를 남겼으나, 연락이 되지 않아 부득이하게 서면으로 발송합니다.
2. 공유지분 해소에 대해 어떤 방법으로 의논하시고자 하시는지 연락해주시기 바랍니다.

2019년 6월 19일

발신인 : 황○○
       부산시
수신인 : ○○○
       경남

2
인터넷 우체국에서
내용증명 보내는 방법

인터넷 우체국을 이용하면 우체국까지 직접 가지 않고도 인터넷으로 간편하게 내용증명을 보낼 수 있다.

먼저 네이버 등 포털 검색에서 인터넷 우체국을 검색한다.

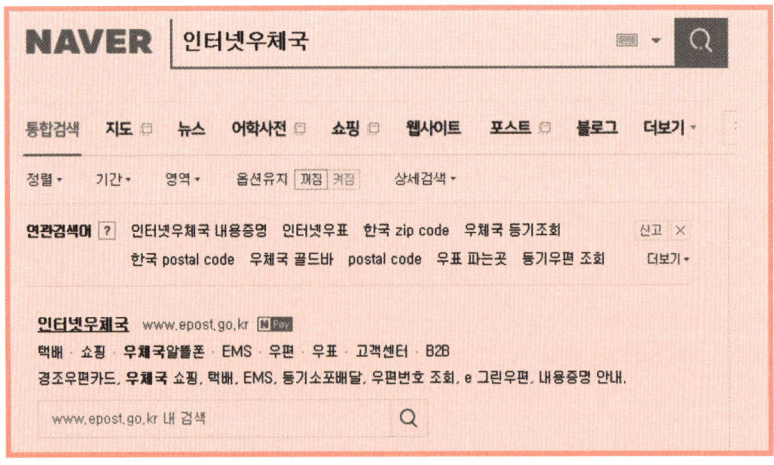

인터넷 우체국 홈 화면 다음과 같이 나오면 아래 순서대로 클릭한다.

'우편 – 증명서비스 – 내용증명'

3번째 '내용증명'을 선택하면 다음과 같이 서비스 안내 및 요금 안내를 확인할 수 있다.

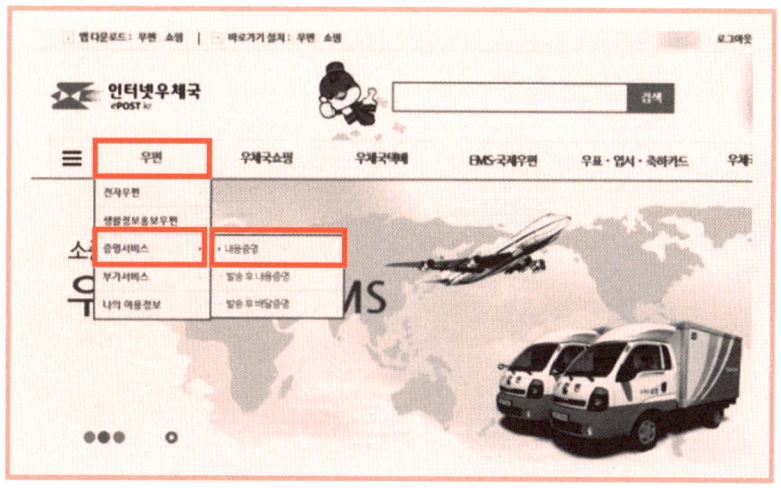

내용증명 양식을 다운로드받아 작성 후 파일로 준비한 다음 첨부할 수도 있고, 직접 한글파일 문서를 작성해 신청할 수도 있다. 보통 이튿날 특급으로 신청해서 발송한다.

컴퓨터에 익숙하지 않은 분들은 인터넷으로 무언가 하기를 권하면 시도도 하지 않고 기존의 방법만을 고집하는데, 한번 도전해서 껍데기를 깨고 나오기를 권한다.

한번 방법을 익히면 전문적으로 지분경매를 반복적으로 할 수 있게 되는데, 시간순으로 진행되는 사항들을 노트에 기록해두면 다음 번 투자에도 적힌 것을 보며 같은 순서대로 진행하면 수월하게 프로세스를 진행할 수 있다.

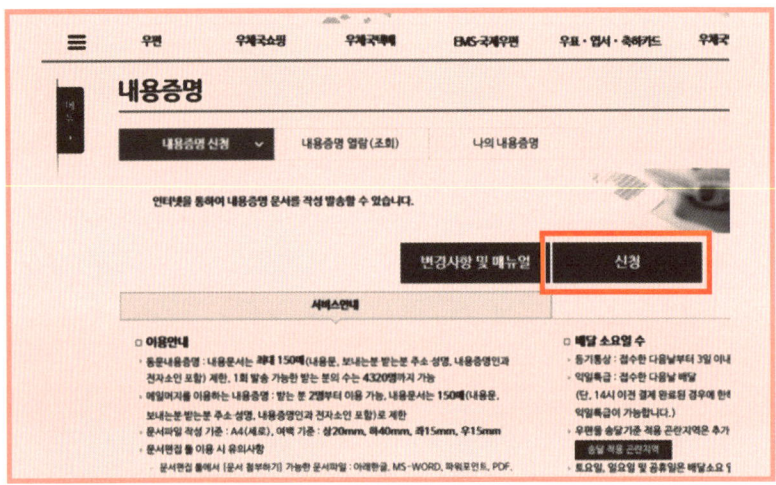

위의 '신청'을 누르면 다음과 같은 화면이 나온다.
'우편물 선택사항' 작성 후 보내는 분, 받는 분을 차례로 작성하고 아래에 있는 '본문 작성'을 클릭하면 내용증명의 본문을 작성할 수 있다.

이 순서대로 내용증명 문서 첨부 또는 작성이 완료되면 받는 사람의 주소 확인 후, '미리 보기'로 다시 한번 문서 내용의 오자를 확인하고 작성 완료를 누르면 된다.

그리고 결제 화면에서 비용을 결제하면 인터넷 우체국에서 내용증명 보내기가 완성된다. 생각보다는 어렵지 않게 누구나 다 할 수 있으니 너무 힘들게 생각하지 않아도 된다.

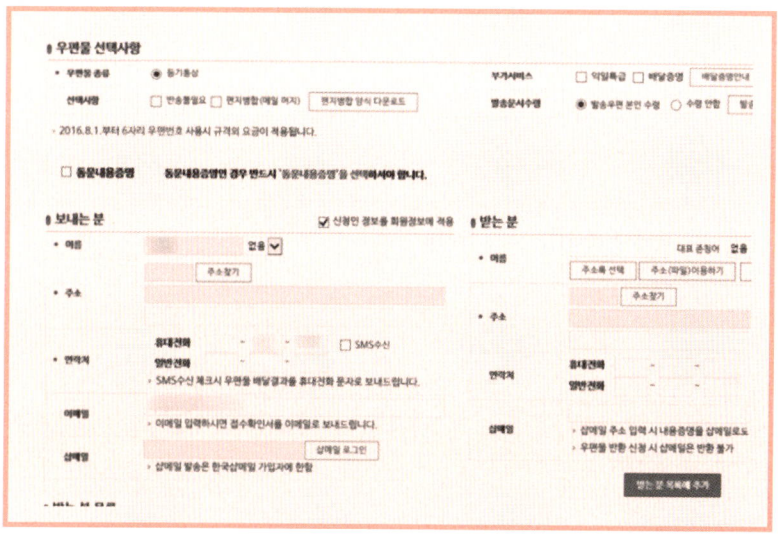

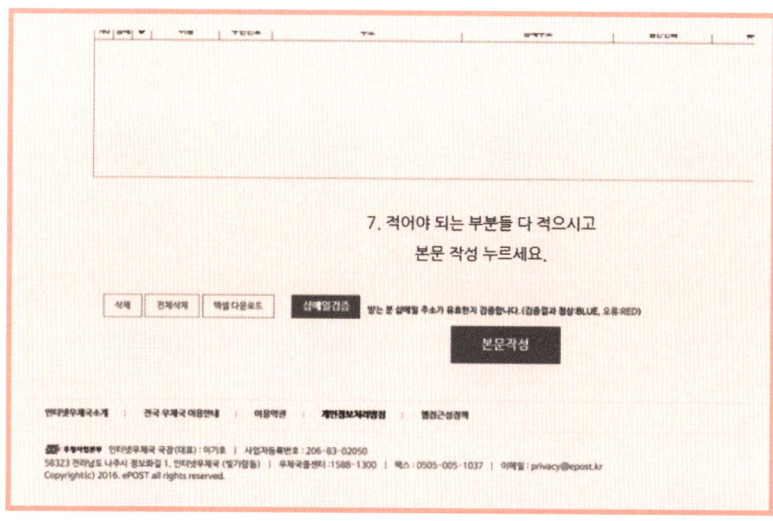

이제 온라인상 인터넷 우체국에서 내용증명 보내는 법을 배웠으니 실행하기만 하면 된다. 한번 하기가 어렵지, 해보면 아무것도 아니니 용기를 갖고 도전해보자. 직접 우체국에 가서 내용증명을 보내는 것보다 훨씬 간편하다.

도달되지 않는 내용증명 처리하는 법

내용증명을 발송했는데 '폐문부재'가 아니고 '이사불명'이나 '수취인불명', '수취거절' 등 우편물이 전혀 도달되지 않는 경우가 있을 것이다.

1. 폐문부재
2. 이사불명
3. 수취인불명
4. 수취거절

타 공유자에게로 내용증명의 도달은 앞으로 지분경매 해결을 위한 가장 중요한 첫 단추다. 그러므로 위의 4가지 경우에 대해 알아야 한다. 내가 보낸 내용증명이 4가지 경우가 된다면 해결 방법을 알아야 앞으로 투자를 위해 전진할 수 있기 때문이다.

폐문부재

먼저 '폐문부재'에 대해 알아보자.

폐문부재는 받을 사람인 타 공유자가 해당 주소지에 살고 있으나 외출 등으로 우편물을 받지 못하는 경우인데, 우체부가 대문에 내일 몇 시쯤 다시 방문한다는 '등기우편물 도착 안내서'를 붙이고 다음 날 다시 방문한다.

그리고 다음 날 방문 때도 부재 시에는 우편물을 우체국에 보관하고 일정 기간이 지나면 반송한다는 내용으로 안내하는데, 폐문부재 시는 1회 더 보내고 그래도 또 폐문부재면 더 내용증명을 보내지 않고 공유물분할청구소송으로 진행하는 것이 좋다.

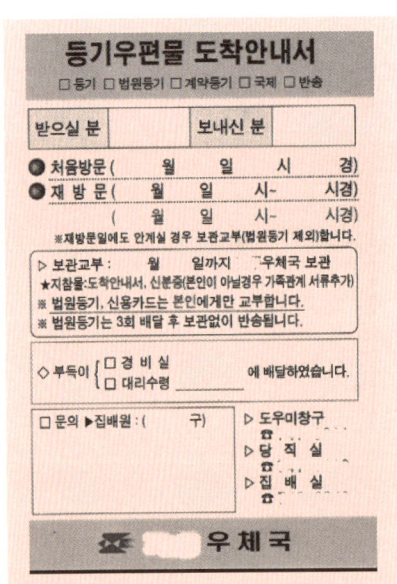

일부러 우편물을 받지 않는 경우가 많기 때문에 계속해서 우편물을 보내봐야 시간 낭비일 때가 더 많다. 그 이후는 공유물분할청구소송을 제기할 때 폐문부재 상태의 내용증명을 증거서류로 제출하면 된다.

소장을 접수받은 재판부에

서 타 공유자에게 소장을 발송해도 똑같이 소장에 대해 폐문부재 상태가 된다면 재판부는 보정명령을 통해 나에게 보정서를 보내온다. 이 경우는 바로 보정서를 가지고 가까운 주민센터를 방문해 타 공유자의 주민등록초본을 발급받아 재판부에 제출하면 상대방의 주소를 확인할 수가 있다.

주소보정명령서는 '이사불명', '폐문부재', '수취인불명' 수취거절이면 모두 보낸다. 우리가 공유물분할청구소송을 타 공유자인 피고를 상대로 진행할 때 피고의 정확한 주민등록번호를 알아낼 수가 있다.

보정서를 들고 주민센터에 가서 상기 주민등록 등·초본 신청서를 쓰고 보정서와 신분증을 제출하면, 상대방의 초본을 교부받을 수 있다. 만약 초본을 발급받아 주소를 보니 내가 낙찰받은 지분물건의 부동산 등기부등본상의 타 공유자 주소와 같다고 해도 보정서를 받았으면 재판부에 초본을 제출해야 한다. 이후에 다시 한번 재판부에서는 그 주소에 타 공유자가 살고 있음을 알고 소장을 다시 발송하는 재송달을 실시한다.

그런데도 폐문부재인 송달 불능으로 상대방이 또 소장을 받지 않으면 그 이후에는 특별송달로 집행관을 통해서 야간 및 휴일에 송달하는 방법을 취하는데, 특별송달은 내가 신청해야 한다.

■ 주민등록법 시행규칙 [별지 제7호서식] <개정 2014.12.31.>   본인의 경우 민원24(www.minwon.go.kr)에서도 신청할 수 있습니다.

주민등록표 열람 또는 등·초본 교부 신청서

※ 뒤쪽의 유의사항을 읽고 작성하여 주시기 바라며, [ ]에는 해당되는 곳에 √표를 합니다. (앞쪽)

신청인 (개인)	성명 (서명 또는 인)		주민등록번호	
	주소			
	대상자와의 관계		전화번호	
	수수료 면제 대상	[ ]국민기초생활수급자 [ ]국가보훈대상자 [ ]그 밖의 대상자( )		

신청인 (법인)	기관명		사업자등록번호	
	대표자 (서명 또는 인)		대표전화번호	
	소재지			
	방문자 성명	주민등록번호	직위	전화번호

열람 또는 등·초본 교부 대상자	성명	주민등록번호	
	주소	[행정기관명 :]	

신청 내용	열 람	[ ]등본사항 [ ]초본사항	

※ 개인정보 보호를 위하여 아래의 등·초본 사항 중 필요한 사항만 선택하여 신청할 수 있습니다.
선택사항을 표시하지 않는 경우에는 "포함"으로 굵게 표시된 사항만 포함하여 교부해 드립니다.

	등본 교부 [ ] 통	1. 과거의 주소변동 사항	[ ]전체 포함 [ ]최근 5년 포함 [ ]미포함
		2. 세대구성 사유	[ ]**포함** [ ]미포함
		3. 세대원의 세대주와의 관계	[ ]**포함** [ ]미포함
		4. 세대원의 전입일 / 변동일, 변동 사유	[ ]**포함** [ ]미포함
		5. 교부 대상자 외 다른 세대원의 이름	[ ]**포함** [ ]미포함
		6. 교부 대상자 외 다른 세대원의 주민등록번호 뒷자리	[ ]**포함** [ ]미포함
		7. 동거인	[ ]포함 [ ]미포함
		8. 외국인 배우자 / 외국인 부모	[ ]포함 [ ]미포함
	초본 교부 [ ] 통	1. 개인 인적사항 변경 내용	[ ]포함 [ ]미포함
		2. 과거의 주소변동 사항	[ ]전체 포함 [ ]최근 5년 포함 [ ]미포함
		3. 과거의 주소변동 사항 중 세대주의 성명과 세대주와의 관계	[ ]포함 [ ]미포함
		4. 병역사항	[ ]포함 [ ]미포함
		5. 재외국민 국내거소신고번호	[ ]포함 [ ]미포함
		6. 외국인등록번호	[ ]포함 [ ]미포함

용도 및 목적		제출처	
증명자료			

「주민등록법 시행령」 제47조와 제48조에 따라 주민등록표의 열람 또는 등·초본 교부를 신청합니다.

20   년   월   일

시장·군수·구청장 또는 읍·면·동장 및 출장소장 귀하

210mm×297mm[백상지 80g/㎡(재활용품)]

이때 만약, 정당한 사유가 없이 송달받기를 거부하는 경우에는 송달 장소에 소장을 놓아두고 가서 송달된 것으로 간주할 수가 있다. 이 같은 송달을 '유치송달'이라고 부른다.

공유물분할소송 등을 제기하면 내가 제기한 사건의 검색은 대법원 사이트의 '나의 사건검색' 홈페이지를 통해 쉽게 조회해볼 수 있다. 공인인증서가 있다면 '공인인증서로 검색'하면 쉽게 확인할 수 있지만, 그렇지 않다면 '사건번호로 검색'을 누르는 2가지 방법으로 나의 사건을 검색할 수 있다.

다음번에 사건을 검색하기 위해서 또다시 법원 및 사건번호 당사자명 등을 입력하지 않고 바로 사건이 나타나도록 하기 위해서는 다음 그림의 '사건검색 결과 저장'에 체크를 반드시 해야 하니 꼭 이곳에 표시하도록 기억해야 한다.

나의 사건번호를 알고 있는 경우에는 해당 법원명과 사건연도, 사건번호, 당사자명을 입력한 후 검색 버튼을 누르면 된다. 당사자명을 입력할 때는 두 글자만 입력해도 되니 참고하기 바란다.

무차별적인 정보수집 방지 등을 위해서 자동입력방지문자를 넣어야 진행이 되니 표시된 숫자까지 입력하고 '검색'을 눌러 사건검색을 하면 된다.

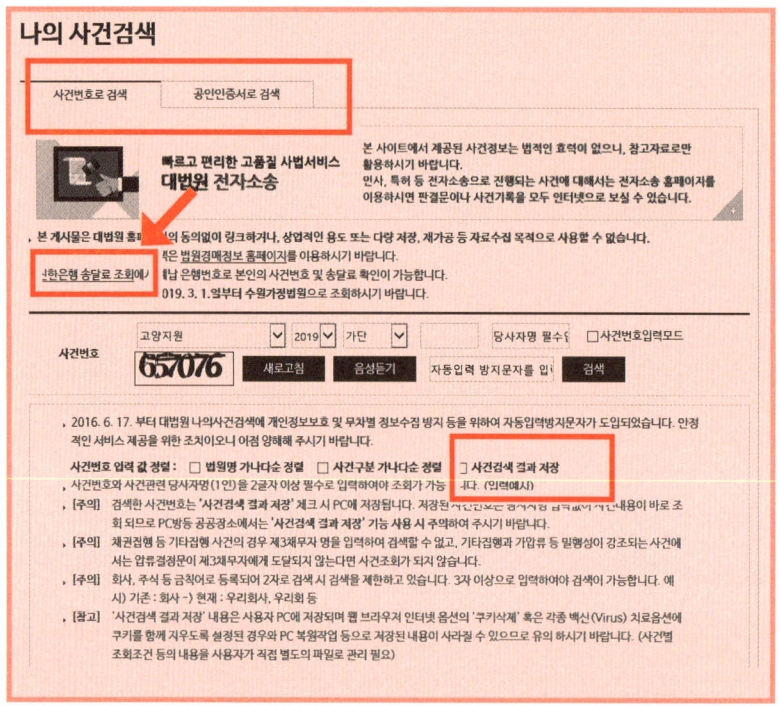

본인이 소송을 제기했는데 사건번호를 모르는 경우에는 다음과 같은 방법으로 사건번호를 찾을 수 있다.

앞의 이미지에서 굵은 화살표로 표시된 '신한은행 송달료 조회' 버튼을 누르면 다음 화면이 나오는데, 성명과 송달료 납부 시 받은 은행 번호(숫자 10자리)를 입력하면 사건번호를 쉽게 검색할 수 있다.

다음은 낙찰자인 원고가 제기한 공유물분할소송에 의한 송달 진행 과정을 사건검색을 통해서 보면, 계속된 피고의 '폐문부재'에 의해서 원고가 보정서를 재판부에 제출했다.

그 이후 특별송달을 해서 피고에게 소장을 보냈으나, '폐문부재'로 송달되지 않고 있다.

그러나 다음에 나오는 사진을 보면 2019.10.25. 소장부본이 드디어 피고에게 송달되고 결국은 피고가 변론에 참가하지 않아 무변론 선고로 원고가 승소하게 된 것이다. 이같이 피고가 송달받지 않으면 소송에서 많은 시간이 걸리게 되나, 타 공유자가 주소지에 거주하고 있다면 소장이 도달되게 해 소송을 진행하게 된다.

판결이 나서 또 피고에게 판결문을 송달했으나, 그때도 또 폐문부재로 피고가 판결문을 송달받지 않고 있다.

그러나 이미 피고가 2019.10.25. 소장부본을 송달받은 이력이 있기에 재판부에서는 그 이후에 받지 않으면 바로 '공시송달'을 명해 피고가 송달받은 것으로 간주하고 재판을 종결하게 된다.

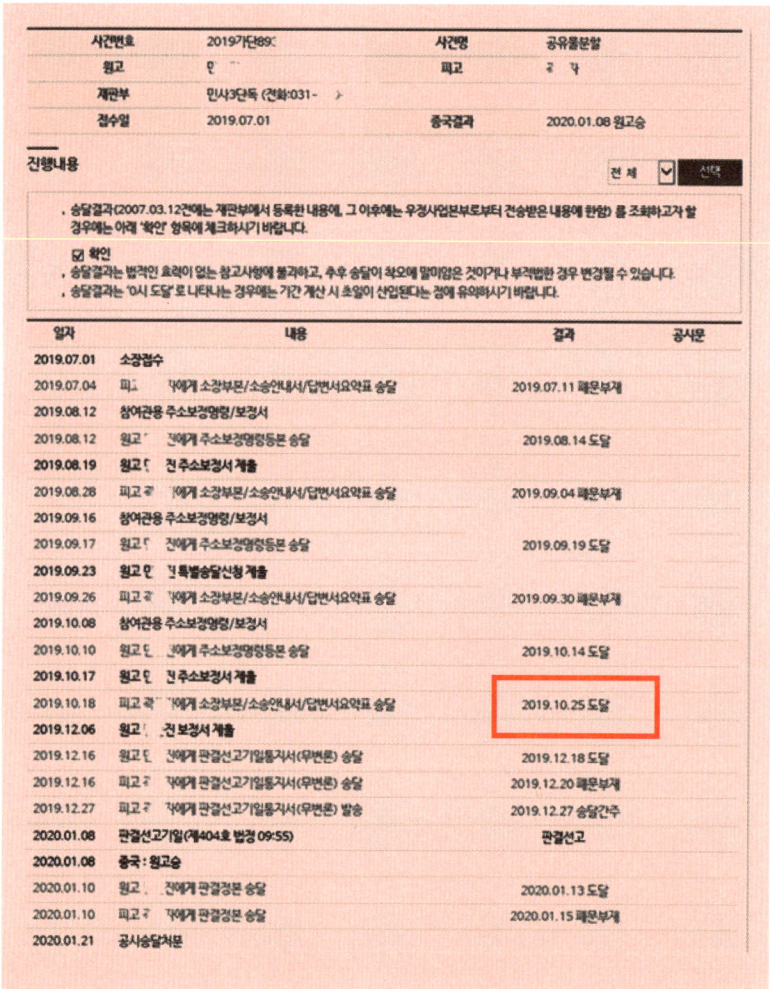

이같이 송달을 받지 않는다고 능사는 아니다. 공시송달 제도가 있기 때문이다.

'공시송달'은 송달받을 사람의 주소나 거주지를 알 수 없거나 송달을 받은 이력이 있는데도 재판 중 그 다음번 송달을 받지 않으면, 재판을 원활하게 진행하기 위해 재판부는 법원이 해당 서류를 보관하고 그 사유를 공시해 송달에 갈음하는 방법이다.

공시송달의 효력은 2주가 경과해야 생긴다. 서류가 공고되었다고 해서 무조건 효력이 있는 것이 아니라, 2주간의 시간이 경과해야만 당사자에게 송달된 것으로 간주하게 된다.

이사불명

이사불명은 타 공유자에게 보낸 주소에 타 공유자가 등록되어 있지 않으나, 이사한 사실은 알 수 있고 이사 간 주소는 알지 못하는 경우다.

물론 진짜로 이사를 간 경우도 있지만, 지분물건이 법원경매로 인해 낙찰된 사실을 알고 일부러 그런 사람 살지 않는다고 우체부에게 말한 경우도 있으니 실제 방문해 다시 확인하는 것도 방법이다. 만약 찾아가서 그곳에 살고 있음이 확인된다면 '특별송달'을 신청할 수 있다.

정말로 이사를 간 경우에는 법원으로부터 보정권고에 의한 보정명령서가 도착하면, 가까운 주민센터에서 초본을 발급받아 이사 간 주소를 확인해 다음의 주소보정서를 제출해 진행하면 된다.

주 소 보 정 서

사건번호   20 가 (차)   [담당재판부 : 제   (단독)부]
원고(채권자)
피고(채무자)

위 사건에 관하여 아래와 같이 피고(채무자)   의 주소를 보정합니다.

주소변동 유무	□ 주소변동 없음	종전에 적어낸 주소에 그대로 거주하고 있음
	□ 주소변동 있음	새로운 주소 : (우편번호 -)
송달신청	□ 재송달신청	종전에 적어낸 주소로 다시 송달
	□ 특별송달신청	□ 주간송달 □ 야간송달 □ 휴일송달
		□ 종전에 적어낸 주소로 송달 □ 새로운 주소로 송달
	□ 공시송달신청	주소를 알 수 없으므로 공시송달을 신청함 (첨부서류 :)

           20 . .   원고(채권자)   (서명 또는 날인)
                                          법원 귀중

[주소보정요령]
1. 상대방의 주소가 변동되지 않은 경우에는 주소변동 없음란의 □에 "✓" 표시를 하고, 송달이 가능한 새로운 주소가 확인되는 경우에는 주소변동 있음란의 □에 "✓" 표시와 함께 새로운 주소를 적은 후 이 서면을 주민등록등본 등 소명자료와 함께 법원에 제출하시기 바랍니다.
2. 상대방이 종전에 적어 낸 주소에 그대로 거주하고 있으면 재송달신청란의 □에 "✓" 표시를 하여 이 서면을 주민등록등본 등 소명자료와 함께 법원에 제출하시기 바랍니다.
3. 수취인부재, 폐문부재 등으로 송달되지 않는 경우에 특별송달(집행관송달 또는 법원경위송달)을 희망하는 때에는 특별송달신청란의 □에 "✓" 표시를 하고, 주간송달·야간송달·휴일송달 중 희망하는 란의 □에도 "✓" 표시를 한 후, 이 서면을 주민등록등본 등의 소명자료와 함께 법원에 제출하시기 바랍니다(특별송달료는 지역에 따라 차이가 있을 수 있으므로 재판부 또는 접수계에 문의바랍니다.
4. 공시송달을 신청하는 때에는 공시송달신청란의 □에 "✓" 표시를 한 후 주민등록말소자등본 기타 공시송달요건을 소명하는 자료를 첨부하여 제출하시기 바랍니다.
5. 지급명령신청사건의 경우에는 사건번호의 '(차)', '채권자', '채무자' 표시에 ○표를 하시기 바랍니다.
6. 소송목적의 수행을 위해서는 읍·면사무소 또는 동주민센터 등에 주소보정명령서 또는 주소보정권고 등 상대방의 주소를 알기 위해 법원에서 발행한 문서를 제출하여 상대방의 주민등록표 초본 등의 교부를 신청할 수 있습니다(주민등록법 제29조 제2항 제2호, 동법 시행령 제47조 제5항 참조).

수취인불명

앞의 이사불명과 마찬가지로 타 공유자에게 보낸 주소에 타 공유자가 등록되어 있지 않으나, 이사한 사실은 알 수 있고 이사 간 주소는 알지 못하는 경우다. 다시 말해서 송달한 주소지에 누군가 살긴 하지만, 받을 사람이 그 주소에 살지 않는다는 뜻이다.

낙찰받으면서 부동산 등기부등본에 등재된 타 공유자의 주소지로 보냈으나 수취인불명으로 반송되어 되돌아와도 당황하지 않아도 된다. 앞의 이사불명과 같이 바로 공유물분할청구의 소를 진행해 보정명령서를 받아 진행하면 된다.

법원으로부터 보정권고에 의한 보정명령서가 도착하면 가까운 주민센터에서 초본을 발급받아 이사 간 주소를 확인해 앞의 주소보정서를 제출해 진행하는 것이 순서다.

다음 사진을 보면, 피고1에게 판결정본을 송달했으나 재판 진행 중에는 송달을 잘 받다가 재판 결과가 나온 판결정본, 즉 판결문을 법원에서 피고1에게 보내니 '수취인불명'으로 송달이 되지 않고 있다. 법원에서는 2019.6.19.에 다시 피고1에게 재송달을 하는데 이때도 송달받지 않으면 피고2에게 '공시송달'을 명한 것같이 피고1도 '공시송달'로 송달된 것으로 간주해 송달을 완료한다.

과거에는 송달을 받지 않으면 송달을 위해 여러 번 재송달을 시

도했으나, 요즘은 원활한 재판을 위해 재판 중 송달을 받은 이력이 있는데 다음 송달부터 송달을 받지 않는 경우는 거의 '공시송달'을 명하고 송달을 받은 것으로 간주하고 재판을 종결하게 되니, 송달 문제도 상당히 유연하게 대처하는 재판부의 태도를 볼 수 있다.

'공시송달'이란, 당사자에게 문서를 송달하기 위해 할 수 있는 시도를 했음에도 불구하고 송달이 안 될 때 마지막 방법으로 법원이 송달할 문서를 보관하고 당사자가 나타나면 즉시 교부하겠다는 뜻을 나의 사건검색의 공시송달 내용을 게시함으로써 송달을 대체하는 제도다.

당사자의 주소, 거소, 기타 송달할 장소를 알 수 없는 경우에 법원의 직권으로 공시송달을 명할 수 있는데, 만약 원고인 여러분들이 신청하는 경우에는 송달불능 사유를 소명해야 한다.

공시송달은 나의 사건검색의 공시송달 내용을 게시한 날로부터 2주일을 경과하면 송달된 것으로 간주해서 효력을 발생시킨다.

수취거절

작년에 지분물건을 낙찰받고 내용증명을 보냈더니 첫 번째 발송에서 타 공유자가 바로 통지서의 수취를 거절하는 드문 경우를 보았다. 수취거절은 우체부가 타 공유자 혹은 그 가족 등을 만나 내용증명을 전달하려고 했으나, 수취를 거절한 경우다.

그러나 이 같은 경우에도 당황하지 않고 해결할 방법이 있다.
근래에 법원은 "상대방이 정당한 사유 없이 통지의 수령을 거절한 경우에는 상대방이 그 통지의 내용을 알 수 있는 객관적 상태에 놓여 있는 때, 의사표시의 효력이 생기는 것으로 보아야 한다"고 판결을 내렸다. 위의 사건은 "채무자가 내용증명의 수취를 거절했지만, 그 통지 내용을 객관적으로 알 수 있는 상태였으므로, 의사표시의 효력이 발생한다"라고 판단했다.

지금까지 내용증명을 수취거절한 상대방들은 "우편 배달 과정에서의 시비로 송달수령인이 우편물을 확인하기 이전에 수취거절을 해 곧바로 우편물이 반송된 경우에는 통지의 상대방이 통지의 내용을 알 수 있을 정도의 객관적 상태에는 놓이지 않은 것이라고 보아야 한다"고 해서 수취거절의 경우는 송달되지 않는 것으로 인정했으나, 현재는 의사표시의 효력이 생긴 것으로 간주한다. 따라서 상대방이 정당한 사유 없이 수취거절을 한다면, 의사표시의 효력이 발생한다.

결과적으로 내용증명을 수취거절하는 경우도 바로 공유물분할청구소송으로 돌입하는 것이 시간을 절약하는 길이다. 실제 소송을 진행해보면 수취거절의 경우 소장을 법원에서 상대방에게 송달해도 폐문부재 등으로 반송되어 돌아온다.

그러나 보정명령에 의해서 진행하고, 그래도 계속 받지 않으면 공시송달로 소를 진행하니 수취거절이 되었다고 고민하지 않아도 된다. 소장을 제출할 때 내용증명을 발송했으나 상대방이 수취거절했음을 증거서류로 첨부해 제출했기에 재판부에서 상대방의 의도를 알고 빠르게 진행한다.

4
주소가 해외로 등록된 경우, 처리하는 법

　타 공유자가 외국에 거주하는 것으로 나오는 부동산 등기부등본의 지분물건을 검색하다 보면 복잡한 물건이라고 생각하고 바로 입찰하기를 포기하는 경우가 있다. 그러나 이 같은 경우에 해외 주소지에 송달하는 방법을 알고 있으면, 남들이 입찰을 포기하는 물건에서도 또 다른 기회를 찾을 수가 있다. 어떻게 해결해야 하는지 잘 모르는 지분물건을 처리할 수 있는 경쟁력 있는 지분경매 전문가가 될 수 있다.

　보통 타 공유자가 외국에 거주하는 것으로 나오면 보통의 경매 투자자들은 입찰을 포기하는 경우가 많으므로 이것이 나에게는 하나의 기회가 되기도 한다. 낙찰받은 후, 해외 주소지로 내용증명을 보내보고, 그래도 발송이 되지 않으면 공유물분할소송을 진행하면서 다음과 같이 외교부에 사실조회를 신청해봐야 한다.

이민을 간 재외국민이면 당사자가 외교부에 신고한 주소지가 있을 것이기 때문이다. 주소를 알아냈다면 해외특별송달을 통해서 진행해야 한다.

예를 들어 외교부인 경우, '서울 종로구 사직로8길 60 정부중앙청사별관' 주소를 쓰고 다음과 같은 사실조회서를 작성해 재판부에 제출하면 된다. 재판 과정에서 상대방의 주소를 정확히 알기 위해 해당 기관을 상대로 재판부에 요청해 재판부에서 그 기관으로 사실조회를 요구하는 것이다.

다음의 사실조회 신청서가 법원의 양식이니 이같이 만들어서 재판부에 제출하면 된다. 사실조회는 민사소송법 제294조에 관한 내용이다. 그러나 사실조회서만으로는 회신의 의무가 강행규정은 아니므로 기관 등에서 거부하는 경우가 있다.

사실조회신청서

사 건   20   가   [담당재판부 : 제   (단독)부]
원 고
피 고

위 사건에 관해 주장사실을 입증하기 위해 다음과 같이 사실조회를 신청합니다.

1. 사실조회의 목적(무엇을 입증하기 위함인지 적으십시오)

2. 사실조회 기관(우편이 도달할 수 있도록 기관의 정식명칭과 도로명주소를 적어주십시오)
   ① 기관명 :
   ② 도로명주소 :

3. 사실조회 사항(기관에 물어보거나 보내주길 원하는 사항, 막연한 사항은 불가능하므로 명료하게 작성)
   ①
   ②
※ 사실조회 사항이 많다면 별지로 작성해주십시오

20 . . .

신청인 □ 원고 / □ 피고   (날인 또는 서명)
(연락처)

서울북부지방법원 귀중

※ 금융기관에 사실조회를 하는 것은 제출명령에 의해야 하는 것으로 명의인 1인당 2,000원의 통보비용(보관금)을 예납해야 합니다.
※ 양식의 이름 란에 □ 원고 / □ 피고에 체크하시기 바랍니다.

이 같은 경우는 다음과 같은 '문서제출명령'신청서를 재판부로부터 허가받아 제출하는 방법으로 진행하면 된다.

문서제출명령신청서

사건번호   20 가   [담당재판부 제   단독(부)]
원   고
피   고

위 사건에 관하여 원(피)고는 주장사실을 입증하기 위하여 다음과 같이 문서제출명령을 신청합니다.

1. 문서의 표시
2. 문서의 취지(내용)
3. 문서를 가진 사람
4. 증명할 사실
5. 문서제출의무의 원인(해당란에 ✓표시)
   □ 상대방이 소송에서 인용한 문서를 가지고 있음(인용문서)
   □ 신청자가 문서를 가지고 있는 사람에게 그것을 넘겨달라고 하거나 보자고 요구할 수 있는 사법상의 권리를 가지고 있음(인도·열람문서)
   □ 문서가 신청자의 이익을 위하여 작성되었음(이익문서)
   □ 문서가 신청자와 문서를 가지고 있는 사람사이의 법률관계에 관하여 작성된 것임(법률관계문서)
   □ 그 밖에 제출이 필요한 문서
   사유 :

                    20 .   .   .
       신청인 원(피)고   (날인 또는 서명)
       (연락처)

                                      ○○지방법원 귀중

◇ 유의사항 ◇
1. 양식중 원,피고 해당란에 원고의 경우에는 '원'에, 피고의 경우에는 '피'에 ○표를 하기 바랍니다.
2. 연락처란에는 언제든지 연락 가능한 전화번호나 휴대전화번호(팩스번호, 이메일 주소등도 포함)를 기재하기 바랍니다.

　문서제출명령은 문서를 가지고 있는 소지자에게 문서를 제출하라는 법원의 명령에 따르라는 일종의 재판이므로, 이 같은 명령에 대해 거부하면 법원은 500만 원 이하의 과태료를 부과할 수 있으므로 강력한 방법이 된다.

또 다른 방법은 상대방 타 공유자의 다른 부모 형제가 국내 주소지로 타 공유자로서 같이 등재된 경우, 그 주소지로 내용증명이나 소장의 주소지로 기재해 피고에게 연락을 취하게 하는 조치도 할 수 있다. 바로 이 방법이 사실상 시간을 단축하는 가장 좋은 방법이다.

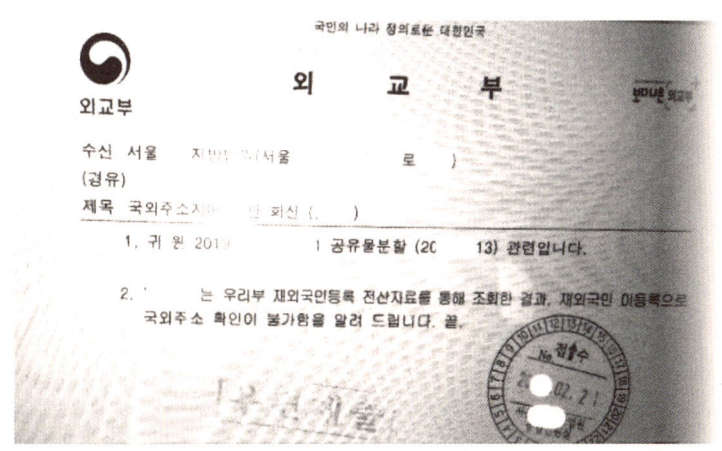

위의 외교부 사실조회 신청에 의한 '국외 주소지에 대한 회신' 답변을 보면 재외국민전산자료상 주소지가 미등록으로, 주소지를 알 수가 없다는 회신이 재판부로 발송되어온 것이다.

다음 내용을 보면 공유물분할소송을 진행하며 외교부에서의 이 같은 회신으로 다음 단계로 '인천공항 출입국외국인청'에 '사실조회 신청서'를 통해 의뢰했으나, 이곳 역시 주소지가 등록되어 있지 않음으로 나와 공매를 진행한 관할세무서에 의뢰했으나, 이 역시 주소지를 알 수가 없는 상태였다.

이 경우, 공유물분할소송을 제기 중 국외 거주 타 공유자의 나머지 형제들이 국내에 거주하고 있어 송달 문제가 간단히 해결되었다. 형제들이 변호사를 선임해 소장에 대한 답변서를 제출했기에 바로 법무법인으로 재판부에서 소장을 송달해 송달 문제가 해결된 경우다.

그 이후 재판 진행 중에도 준비서면, 판결문 등 서류 발송 문제는 법무법인을 통해 국외 거주 타 공유자의 송달 문제가 해결된 것이다.

실제 소송을 진행하다 보면 지분물건은 식구 간에 공유하는 경우가 많다.

그래서 소송 문제 등 제반 사항들의 해결을 위해 우리는 식구들로 구성된 타 공유자 물건을 선택하라고 계속 말하는 것이다. 식구들로 구성되어 있는 경우가 해결하기가 수월해지고, 해외 송달 문제 등을 처리할 수 있기 때문이다.

특히 공유자가 5명이 넘는 물건의 입찰은 삼가하는 것이 좋다. 너무 많은 인원의 타 공유자로 구성된 물건에 입찰하면 송달하는 데 시간이 오래 걸리고 해결을 위해 만나 보면 서로 핑퐁게임 하듯이 눈치만 보고 해결을 서로 미루는 경우가 많기 때문이다.

다음은 법원의 보정명령에 따라 피고5 외국인에 대한 국적과 성명, 송달주소를 재판부에 제출하라는 명을 받았다. 우리나라에 입국한 날부터 90일을 초과해 체류하려는 외국인은 입국일로부터 90일 이내에 관할 지역의 출입국관리사무소나 출장소에서 외국인등록을 해야 한다.

그래서 보정서를 가지고 외국인등록이 되어 있는지 확인하기 위해 외국인등록을 받은 출입국관리사무소나 출장소 및 외교부에 사실조회 신청을 요청하고 회신내용 확인을 법원에서 해야 한다. 물론 전자소송으로 진행하는 경우는 관공서로부터 회신되어온 제출된 서류를 열람해 바로 확인할 수 있다.

또한, 영어로 소장부본, 보정서, 변론기일통지서, 판결기일통지서를 영어로 번역해야 하는데 비용이 많이 든다. 그래서 영어, 중국어, 일어 등 외국어에 좀 약한 분들도 간단한 내용의 번역을 네이버 '파파고' 번역 서비스를 통해 재판부에 제출해도 된다.

아래 보정사건도 바로 파파고 번역기를 통해서 영어로 번역해 제출해서 보정을 마쳤다.

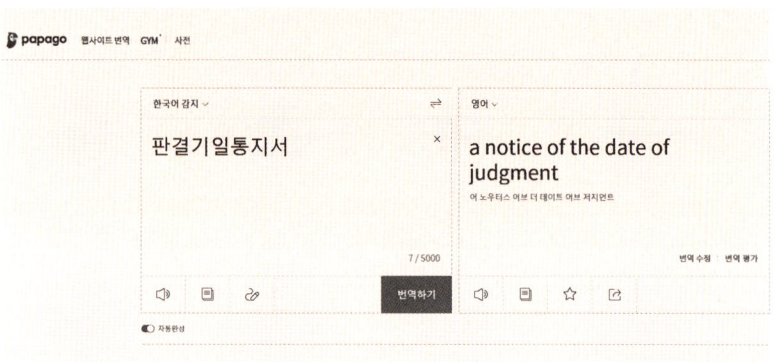

외국인의 송달 문제는 시간이 오래 걸리는 것을 감안해야 한다.

한 번에 송달되는 경우가 드물어 오랜 시간 소송이 진행되는 경우가 많게 되고, 때에 따라서는 송달에만 1년 이상 걸리는 경우도 있다.

서울 지방법원

보 정 명 령

사 건   2019가단■■■■ 공유물분할
        [원고 : 김/ 피고 : 이■■ 외 4명]

원고 김■■ 귀하

이 명령을 송달받은 날부터 7일 안에 다음사항을 보정하시기 바랍니다.

보정할 사항

1. 피고5. ■■■의 소장상의 기재되어있는 주소로 국외송달을 하기 위해 피고의 국적 및 성명(한글/영어)과 송달주소(한글/영어)를 보정하시기 바랍니다.
2. 국외송달을 위해 소장부본, 보정서(2019.05.07.자), 접수된 2020.03.05. 변론기일통지서, 2020.04.02. 변론기일통지서, 2020.05.07. 판결선고기일통지서의 영어 번역문을 첨부하시기 바랍니다.
3. 국외송달을 위해 법원보관금 5만원을 예납하시고 영수증을 제출하시기 바랍니다.

2019. 9. 9.

법원주사

◇ 유 의 사 항 ◇

보정서 3번의 '법원보관금'을 납부하고자 하는 경우에는 '전자소송 홈페이지' 상단 메뉴 '납부/환급' → '소송비용납부' 화면에서 납부하고자 하는 사건을 선택한 후, '납부'를 클릭하면 '전자납부'

화면으로 넘어간다.

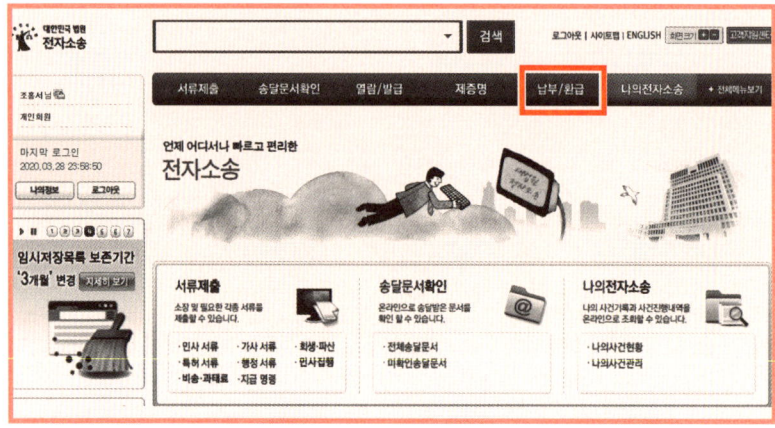

 '01. 납부방식'에서 '가상계좌'를 클릭, '02. 납부정보'에서 '법원보관금 납부'를 클릭한 후 '03. 결제정보'에서 납부하고 보정서 제출 시 영수증을 첨부해 제출한다.

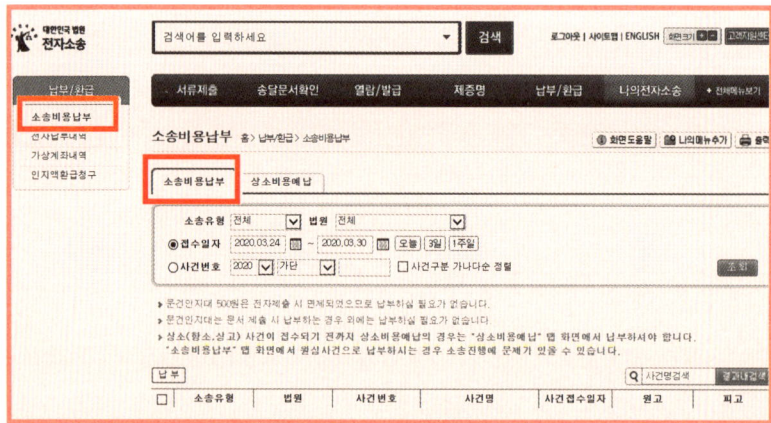

소송비용 납부 방법은 신용카드, 계좌이체, 가상계좌, 휴대폰 소액결제 방법을 선택해 납부할 수 있으나, 법원보관금의 경우 가상계좌로만 납부할 수 있다.

앞의 재판에 대한 '나의 사건검색' 진행 내용을 올렸다. 이같이 외국인 송달 문제가 생기면 소장 접수해 선고까지 약 1년이 넘게 걸리는 것을 알 수가 있다.

대한민국 국적의 타 공유자 중 2명의 송달이 수취인불명 폐문부재로 나온다. 그런 경우, 재판부에서는 바로 보정서를 발부하고 이 보정서에 의해서 피고의 초본을 발급받아 처리한 내용을 알 수가 있다.

일자	내용	결과	공시문
2019.04.29	소장접수		
2019.04.29	원고 ○○ 접수증명	2019.04.29 발급	
2019.05.02	참여관용 보정명령		
2019.05.02	원고 ○○에게 보정명령등본 송달	2019.05.02 도달	
2019.05.07	원고 ○○ 보정서 제출		
2019.05.08	피고1 ○○에게 소장부본/소송안내서/답변서요약표/보정서(19.5.7.자) 송달	2019.05.13 도달	
2019.05.08	피고2 ○○에게 소장부본/소송안내서/답변서요약표/보정서(19.5.7.자) 송달	2019.05.09 도달	
2019.05.08	피고3 ○○에게 소장부본/소송안내서/답변서요약표/보정서(19.5.7.자) 송달	2019.05.09 수취인불명	
2019.05.08	피고4 ○○에게 소장부본/소송안내서/답변서요약표/보정서(19.5.7.자) 송달	2019.05.14 폐문부재	
2019.05.14	참여관용 주소보정명령/보정서		
2019.05.15	원고 ○○에게 주소보정명령등본 송달	2019.05.15 도달	
2019.05.17	원고 ○○ 주소보정서(이상연) 제출		
2019.05.17	원고 ○○ 주소보정서(이상회) 제출		
2019.05.20	피고4 ○○에게 소장부본/소송안내서/답변서요약표/보정서(19.5.7.자) 송달	2019.06.05 기타송달불능	
2019.05.20	피고3 ○○에게 소장부본/소송안내서/답변서요약표/보정서(19.5.7.자) 송달	2019.05.23 기타송달불능	
2019.05.29	피고3 ○○에게 소장부본/소송안내서/답변서요약표/보정서(19.5.7.자) 송달	2019.06.07 기타송달불능	

피고 1명 외에는 송달불능으로 나와 여러 차례 보정서가 발급되어 기나긴 송달 문제를 해결해나가는 모습을 볼 수가 있다.

이 같은 송달 문제가 생기면 소송이 지연되어 투자에 회의감이 들기도 하지만, 이겨 내야 성공 투자의 길로 갈 수 있다.

피고 1명이 드디어 답변서를 제출해 소송은 계속 진행되고 있지만, 나머지 피고들은 기타송달불능으로 공시송달 처분이 되고 있다.

2019.06.10	피고 ▮▮▮ 답변서 제출	
2019.06.11	원고 ▮▮▮에게 답변서부본(19.06.10.자) 송달	2019.06.16 도달
2019.06.11	피고3 ▮▮▮에게 소장부본/소송안내서/답변서요약표/보정서(19.5.7.자) 송달	2019.06.13 기타송달불능
2019.07.01	피고4 ▮▮▮에게 소장부본/소송안내서/답변서요약표/보정서(19.5.7.자) 송달	2019.07.20 기타송달불능
2019.07.02	공시송달처분	
2019.07.03	피고3 ▮▮▮에게 소장부본/소송안내서/답변서요약표 발송(공시송달)	2019.07.18 0시 도달
2019.07.03	피고3 ▮▮▮에게 보정서(19.05.07.자) 발송(공시송달)	2019.07.18 0시 도달
2019.07.30	참여관용 주소보정명령/보정서	
2019.07.30	원고 ▮▮▮에게 주소보정명령등본 송달	2019.07.31 도달
2019.08.05	원고 ▮▮▮ 주소보정서(▮▮▮) 제출	
2019.09.09	참여관용 보정명령	
2019.09.09	공시송달처분	
2019.09.09	피고4 ▮▮▮에게 소장부본/소송안내서/답변서요약표 발송(공시송달)	2019.09.24 0시 도달
2019.09.09	피고4 ▮▮▮에게 보정서(19.05.07.자) 발송(공시송달)	2019.09.24 0시 도달
2019.09.10	피고1 ▮▮▮에게 변론기일통지서2부/판결선고기일통지서 송달	2019.09.18 도달
2019.09.10	피고2 ▮▮▮에게 변론기일통지서2부/판결선고기일통지서 송달	2019.09.18 도달
2019.09.10	원고 ▮▮▮에게 변론기일통지서 송달	2019.09.18 0시 도달
2019.09.10	원고 ▮▮▮에게 변론기일통지서 송달	2019.09.18 0시 도달
2019.09.10	원고 ▮▮▮에게 판결선고기일통지서 송달	2019.09.18 0시 도달
2019.09.10	원고 ▮▮▮에게 보정명령등본 송달	2019.09.11 도달

피고 2명에게 드디어 변론기일통지서/판결선고기일통지서가 2019.9.18. 정상적으로 도달되었다. 그러나 나머지 피고 2명은 공

시송달에 의해서 0시 도달로 송달되었다.

　그 이후, 피고 중 1명이 외국인이어서 '외교통상부'로 사실조회 신청을 했다. 그래도 주소를 알 수가 없어서 세금 체납이 되어 공매가 진행된 흔적이 발견되어 한국자산관리공사로 사실조회 신청서를 보냈다.

　또한, 등기소에 등기하면서 주소 제출한 것을 확인하기 위해 등기소에도 사실조회 신청서를 보냈다. 그래도 주소를 확인하지 못해 재판부에서 법원행정처에 국제심의관실로 사법공조 촉탁서류를 송달했다.

2019.09.10	피고3 ▒▒에게 변론기일통지서2부(2020.3.5./2020.4.2.) 발송(공시송달)	2019.09.11 0시 도달
2019.09.10	피고4 ▒▒에게 변론기일통지서2부(2020.3.5./2020.4.2.) 발송(공시송달)	2019.09.25 0시 도달
2019.09.10	피고3 ▒▒에게 판결선고기일통지서 발송(공시송달)	2019.09.11 0시 도달
2019.09.10	피고4 ▒▒에게 판결선고기일통지서 발송(공시송달)	2019.09.25 0시 도달
2019.09.16	원고 ▒▒ 접수증명	2019.09.16 발급
2019.09.16	원고 ▒▒ 사실조회신청서(외교통상부) 제출	
2019.09.18	외교통상부에게 사실조회서 송달	2019.09.24 도달
2019.09.27	외교부 국외주소지에 대한 회신 제출	
2019.10.01	원고 ▒▒ 사실조회신청서(한국자산관리공사) 제출	
2019.10.01	참여권용 주소보정명령/보정서	
2019.10.02	원고 ▒▒에게 주소보정명령등본 송달	2019.10.03 도달
2019.10.02	한국자산관리공사에게 사실조회서 송달	2019.10.07 도달
2019.10.04	원고 ▒▒ 사실조회신청서(서울북부지방법원 도봉등) 제출	
2019.10.07	서울 ▒▒지방법원 ▒▒기소에게 사실조회서 송달	2019.10.10 도달
2019.10.14	등기소 서울 ▒▒지방법원 ▒▒등기소 사실조회회신서 제출	
2019.10.16	한국자산관리공사 사실조회회신서 제출	
2019.10.16	참여권용 보정명령	
2019.10.17	원고 ▒▒에게 보정명령등본 송달	2019.10.20 도달
2019.10.21	원고 ▒▒ 보정서 제출	
2019.11.04	법원 법원행정처 국제심의관실에게 사법공조 촉탁서류 송달	2019.11.05 도달

수많은 사실조회 신청 및 사법공조 촉탁에 의해서 주소지를 알아내어 그 주소지 및 국적 및 주소 등을 영어로 번역해 제출하라는 보정서를 받게 된 사실을 시간 순으로 '나의 사건검색'에서 캡쳐해 독자 여러분들도 이 같은 상황이 발생하면 처리하는 데 도움이 될 수 있도록 했다.

날짜	내용	결과
2019.11.13	원고 ___ 보정서 제출	
2019.11.18	법원 법원행정처 국제심의관실에게 사법공조 촉탁서류 송달	2019.11.20 도달
2020.02.11	법원 법원행정처 영사송달보고서송부 제출	
2020.03.05	변론기일(303호 법정 14:00)	속행
2020.03.05	피고2 ___ 에게 변론기일통지서 송달	2020.03.10 도달
2020.03.05	피고3 ___ 에게 변론기일통지서 발송(공시송달)	2020.03.06 0시 도달
2020.03.05	피고4 ___ 에게 변론기일통지서 발송(공시송달)	2020.03.06 0시 도달
2020.03.20	피고 ___ 감정신청서 제출	
2020.03.23	감정인(통역인)지정결정	
2020.03.27	피고 ___ 답변서 제출	
2020.03.27	피고 ___ 보정서(법원보관금납부서) 제출	
2020.03.30	감정평가사 ___ 에게 감정촉탁서 송달	2020.03.30 도달
2020.03.30	원고 ___ 에게 답변서부본(20.03.27.자) 송달	2020.03.30 도달
2020.03.31	원고 ___ 준비서면 제출	
2020.03.31	피고1 ___ 에게 준비서면부본(20.03.31.자) 송달	
2020.03.31	피고2 ___ 에게 준비서면부본(20.03.31.자) 송달	
2020.03.31	피고3 ___ 에게 준비서면부본(20.03.31.자) 발송(공시송달)	2020.04.01 0시 도달
2020.03.31	피고4 ___ 에게 준비서면부본(20.03.31.자) 발송(공시송달)	2020.04.01 0시 도달
2020.04.01	피고5 단상 ('WRI ___')에게 준비서면부본(20.03.31.자) 송달	
2020.04.02	변론기일(303호 법정 14:00)	
2020.05.07	판결선고기일(303호 법정 14:00)	

피고의 주소를 알아내어 재판이 진행되었고, 드디어 2차 변론기일이 진행되었다.

```
받은편지함
답장  전체답장  전달  ✕삭제  스팸차단▼  이동▼  읽음표시▼

☆ 2차 변론기일 결과 입니다.  관련편지검색
보낸사람 :        20.04.02 20:49  주소추가  수신차단
첨부파일 1개가 있습니다. 바로가기

경험과 실력들이 조금씩 쌓여가는것 같아 기분 좋음을 느끼면서,

편안하게 변론 마치고 귀가 하였습니다.


일반 첨부파일 1개(22KB)   전체저장
📄 2차 변론기일 결과.hwp  22 KB
```

2차 변론기일에 법정에 가니 재판부 판사가 원고에게 당사자 정정 신청하면서 영문 이름 표기할 것을 변론기일에 말하고 있다.

피고의 타 공유자 중 1명이 참석하니 판사가 '시가감정 신청'을 했는지 묻는다. 그리고 낙찰 부동산에 피고에게 부모님과 같이 거주하고 있는지를 묻고 있다.

이제 피고가 타 공유자로 있는 외국인에게 연락되는 것을 판사에게 말하니 선정당사자 신청하라고 주문한다.

선정당사자란, 공동의 이해관계에 있는 여러 사람이 공동소송인이 되어 소송해야 할 경우, 그 가운데서 모두를 위해 소송수행 당사자로 선출된 사람을 말한다. 즉, 지분공유자 간 타 공유자가 여러 명이면 1명을 대표로 선정해서 '선정당사자 신청서'를 재판부에 제출해서 1명이 대표로 재판에 임하는 제도다.

공동의 이해관계를 가진 다수자 전원이 소송당사자가 되면, 변론의 복잡, 송달사무의 폭주, 과다한 송달료, 다수자 중 누구에게 발생한 사망 등에 의한 중단 사유 때문에 소송 진행이 한없이 번잡해지게 된다.

그래서 다수자 중에서 대표자를 뽑아 그에게 소송을 맡겨 다수당사자 소송을 간소화·단순화하는 방안으로 선정당사자제도가 생겨난 것이다.

선정당사자와 선정자의 관계는 대리관계가 아니다. 선정자의 소송수행권을 선정당사자에게 맡긴 신탁관계로서 임의적 소송 담당의 일종인 것이다. 따라서 선정당사자는 당사자로서 판결의 명의인이 되고 판결의 효력을 받는다.

'시가감정' 신청 결과가 1개월 이상 걸리니 다음에 다시 변론을 열겠다는 것을 말하고 그때, 결과로 나오는 감정액을 보고, 조정으로 갈지, 경매로 진행할지를 결정하겠다는 요지다.

다음의 내용이 실전반 제자가 법정을 다녀온 후 메일로 보내온 재판 결과의 요점이니, 사건검색과 대조해 꼼꼼히 살펴보기 바란다.

2차 변론기일 결과

[원고]
1. 당사자 표지정정 신청하세요.
(소장에 외국인 영문 이름 표기할 것)

[피고]
1. 시가감정 신청 완료하셨죠? → 피고 "네"

2. 물건지에 부모님 함께 거주하신다 이거죠?
피고(이**)가 인수하시는 것 맞죠? → 피고 "네"

3. 외국인(R**) 연락되시죠?
송달하는 데 3개월 정도 걸립니다.
'선정당사자 신청'이라고 있으니 신청하세요. → 피고 대답 없음.
 (선정당사자를 모르는 것인지, 알고도 회피했는지 모름)

4. 감정 결과물 1개월 이상 걸리니 다음 변론기일은 속행합니다.
 → 5/14

그때, 결과물 보고, 조정으로 갈지, 경매로 진행할지, 결정하도록 하겠습니다.
 → 피고에게 약간의 압박이 되는 듯 보였습니다.
 (피고는 경매로 진행되는 것을 무척 싫어하는 듯 보였거든요.)

이미 정해졌던 선고기일은 변경합니다. → 10/15

아마도, 다음 달(5/14) 변론기일 속행하고, 조정기일을 잡을 것 같은 느낌이고, 판사의 '조정으로 유도'하기 위한 시도로 보입니다.

   5/14　　→ 3차 변론기일
   6~7월 중 → 조정
   8~9월 중 → 결심
   10/15　 → 선고

이 정도 스케줄로 읽힙니다.

1차 변론기일에는 약간 피고에게 유리하게 이야기하는 듯했었는데, 2차 변론기일은 이미 접수한 준비서면을 확인한 후라서 그런지, 큰 불편함 없이 잘 마무리되었습니다.

서울■■지방법원

보 정 명 령

사　　건　　2019가단■■■■ 공유물분할
　　　　　　[원고　: 김■■ / 피고　: 이■■ 외 4명]

원고 김■■ 귀하
이 명령을 송달받은 날부터 7일 안에 다음사항을 보정하시기 바랍니다.

보정할 사항

1. 피고5. ■■■의 소장상의 기재되어있는 주소로 국외송달을 하기 위해 피고의 국적 및 성명(한글/영어)과 송달주소(한글/영어)를 보정하시기 바랍니다.
2. 국외송달을 위해 소장부본, 보정서(2019.05.07.자), 첨부된 2020.03.05. 변론기일통지서, 2020.04.02. 변론기일통지서, 2020.05.07. 판결선고기일통지서의 영어 번역문을 첨부하시기 바랍니다.
3. 국외송달을 위해 법원보관금 5만원을 예납하시고 영수증을 제출하시기 바랍니다.

2019. 9. 9.

법원주사　　　　

◇ 유 의 사 항 ◇

5
소송 진행 중 타 공유자 중에 사망자가 있을 때 대응 방안

소송 진행 중 피고인 타 공유자가 망자로 나오는 경우가 종종 있다. 이런 경우 엄청 당황하게 되는데, 이때 송달이 안 되기 때문에 재판부에서 보정서를 원고에게 발송하게 된다.

여기에 제시한 보정서는 첫 번째 보정을 받아 초본을 떼어보니 피고가 사망한 것으로 초본상 나와 있기에 재판부에 그 초본을 제출하니 다음 보정서에 망자인 피고와 피고 상속인들의 기본증명서, 가족관계증명서, 친양자 입양 관계증명서, 입양 관계증명서, 제적등본, 초본 이상 6가지 서류를 주민센터에서 발급받아 상속비율 등을 계산해 제출하라는 명을 받은 두 번째 보정서다.

주민센터에서 발급받은 서류인 망인의 주민등록 초본에는 2017. 04.**.일자로 사망 신고되어 있었다. 그 서류를 바탕으로 당사자표시 정정, 청구 취지 및 청구원인을 변경해 재판부에 제출한다.

　망자의 관련 서류를 떼서, 확인된 상속인을 당사자표시 정정하고, '청구 취지 및 청구원인'에서 피고들 이름 변경은 가계도를 만들어 상속인을 특정하고 각 상속인의 지분을 나누어 표시해보니 상속인은 3명이고, 이 세 사람이 바로 피고가 되는 것이다.

　청구 취지의 피고 부분 '피고 ○○에게 2분의 1의 비율'을 '피고 1에게 6분의 2, 피고2에게 6분의 2, 피고3에게 6분의 2의 비율'로 변경해 제출했다.

지방법원

보 정 권 고

사　건　2019가단1　　　공유물분할
　　　　　[　　] / [　　]

원고 [　] 귀하
다음 사항을 보정기한까지 보완하여 주시기 바랍니다.
보정기한: 송달된 날로부터 7일 이내

보완할 사항

1. 피고 　　의 주민등록 초본에는 2017. 04. 28.자로 사망신고말소되어 있으므로 망 ■■■(주민등록번호 : 42■■8-■■■■■■)에 관하여 아래 기재 서류를 제출하고, ①당사자표시정정신청서와 ②청구취지 및 청구원인 변경신청서를 각 제출하시기 바랍니다.
　가. 위 　에 대한 기본증명서, 가족관계증명서, 친양자입양관계증명서, 입양관계증명서, 제적등본(구 호적법상 전적 전 제적등본 포함)
　나. 위 　의 상속인들에 대한 기본증명서, 가족관계증명서, 주민등록초본.

2019. 7. 10.

청구 취지

1. 별지 목록 기재 부동산을 경매에 부쳐 그 경락 대금에서 경매 비용 및 제 세금을 공제한 나머지 금액을 원고＊＊＊에게 2분의 1을, 피고 ○○에게 2분의 1의 비율로 배당한다.
2. 소송비용은 피고들이 부담한다.
   라는 판결을 구합니다.

청구 이유

1. 원고는 별지 목록 기재 부동산의 2분의 1 지분에 대해 2019.04. . ＊＊지방법원 경매○○계 사건번호 201＊타경2＊＊＊9호로 매수 신청해 매각허가결정을 받아 2019.＊＊.20 적법한 절차에 따라 잔금을 납부하고 소유권이전등기를 마친 진정한 소유자입니다.

2. 원고는 피고에게 별지 목록 부동산의 공유지분해소 문제에 대해 협의하기 위해 수차례 연락을 취하려고 노력했으나 피고와는 연락이 닿지 않고 있으며, 우편물마저 반송(이사불명)되는 상태라 공유물분할청구의 소를 제기하기에 이른 것입니다.

3. 위와 같이 원고와 피고들 사이에 공유물분할에 관한 합의가 이루어지지 아니하고, 이 사건 부동산은 4층 공동주택으로서 그 성질상 현물로 분할할 수 없으므로 별지 목록 기재의 부동산을 경매해 그 매각대금을 공유지분비율에 따라 분할하는 것이 최선의 방법이라 생각합니다.

4. 따라서 원고는 별지 목록 기재 부동산을 경매에 부쳐서 공유지분에 따라 원고와 피고들에게 배당되도록 해, 공유관계를 해소하기 위해 이 사건청구에 이른 것입니다.

다음 가계도는 실전반에서 공부하는 제자가 직접 투자한 물건으로 피고가 망자인 관계로 재판부로부터 보정서를 받아 6가지 서류를 신청해 상속 지분비율을 계산하기 위해 만든 가계도다.

조금 복잡한 상속인이 있을 때는 가계도를 만들어 상속 지분비율을 정확히 계산해야 한다.

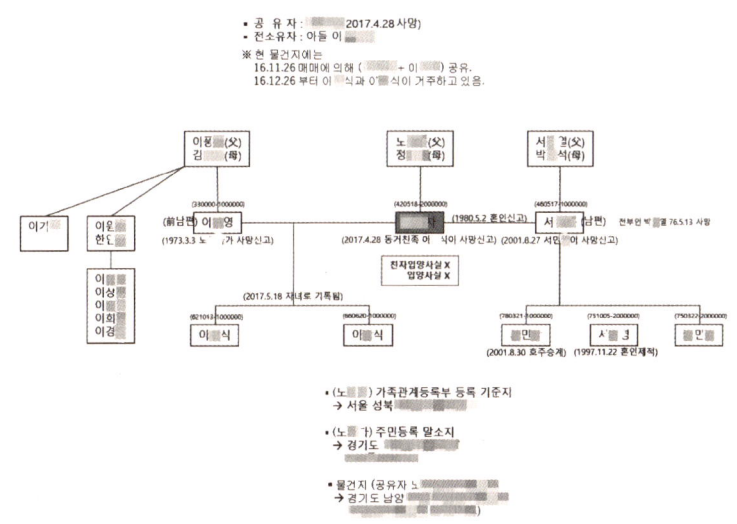

'친양자 입양관계증명서'를 제출하라는 재판부의 명령에 따라 친양자가 무슨 말인지 먼저 공부를 해야 이 같은 서류를 왜 제출하라는지 이해할 수가 있을 것이다.

입양에 친(親)자를 붙인 것이 친양자다. 우리는 흔히 '친자식'이라는 말을 쓰는데, 친자식이 아닌 자식은 양자라 부른다. 친양자(親養子)는 양자는 양자이되, 친자식과 같은 양자(養子)를 말한다. 친양자 입양을 하면, 그 양자 된 자식은 그의 친생부모와 친족관계가 소멸한다. 따라서 친양자는 양부모와만 친족관계, 즉 부모 자식 관계를 갖고 친생부모는 법적으로는 남이 되는 것이다(민법 제908조의 3). 이렇게 친자식과 다름없으므로 친(親)자를 붙여 친양자(親養子)라 하는 것이다.

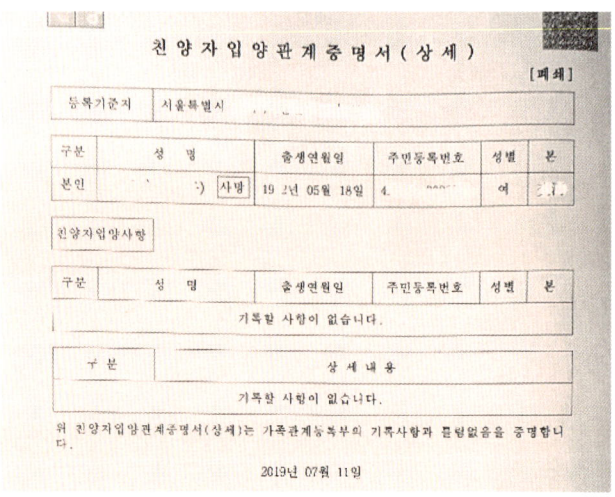

일반 입양의 경우, 그 양자 된 자식은 그의 친생부모와 친족관계가 소멸하지 않는다. 일반 입양의 양자는 친생부모가 사망해도 친생부모로부터 상속을 받고, 양부모가 사망해도 상속을 받게 된다. 양자는 법적인 부모가 둘이다.

친양자 입양의 경우, 그 양자 된 자식은 그의 친생부모와 친족관계가 소멸한다. 친양자 입양의 그 양자는 친생부모가 사망해도 친생부모로부터 상속을 받지 못한다. 오로지 양부모로부터만 상속을 받을 수 있다.

친양자 입양제도는 2005년 민법 개정으로 도입되었고, 2008년부터 시행했다. 참고하기 바란다.

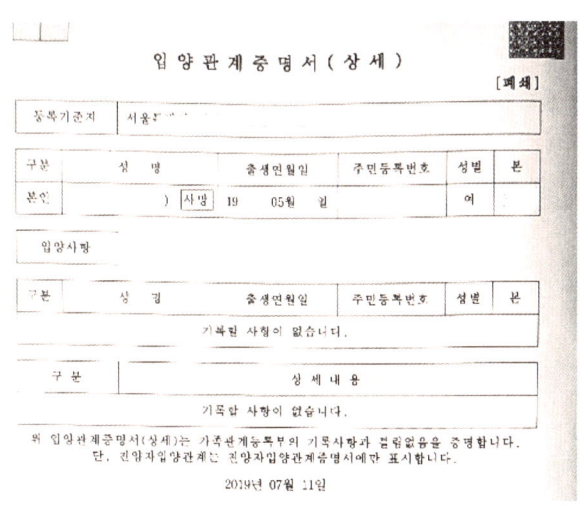

피고 상속인들의 기본증명서, 가족관계증명서, 친양자 입양 관계증명서, 입양관계증명서, 제적등본, 초본 이상 6가지 서류를 주민센터에서 발급받으면, 가계도를 만들어 바로 아래 법정상속 순위를 공부해 상속 지분비율을 정확히 계산해서 피고를 특정해 보정서를 제출해야 한다.

상속재산의 법정상속분 순위 및 비율은? (피상속인은 망자이다 피망!)

법정상속순위는 민법 제1000조에서 규정하고 있다.
1순위로 피상속인의 직계비속·배우자,
2순위로 피상속인의 직계존속·배우자,
3순위로 피상속인의 형제자매,
4순위로 피상속인의 4촌 이내의 방계혈족의 순서로 이루어진다.

재산상속비율은 민법 제1009조에서 규정하고 있다.
법정상속순위가 같은 상속권자가 여러 명이면 균등하게 배분한다. 다만, 피상속인의 배우자는 다른 상속권자보다 50%를 가산해 받게 된다.

◆ **법정상속분 비율의 계산(공통분모 5)**

구분	상속인	상속분	비율
자녀 및 배우자가 있는 피상속인의 경우	장남, 배우자가 있는 경우	장남 1 배우자 1.5	2/5 3/5
	장남, 장녀(미혼), 배우자가 있는 경우	장남 1 장녀 1 배우자 1.5	2/7 2/7 3/7
	장남, 장녀(출가), 2남, 2녀, 배우자가 있는 경우	장남 1 장녀 1 2남 1 2녀 1 배우자 1.5	2/11 2/11 2/11 2/11 3/11
자녀는 없고 배우자 및 직계존속이 있는 피상속인의 경우	부모와 배우자가 있는 경우	부 1 모 1 배우자 1.5	2/7 2/7 3/7

직계란 친족(아버지 쪽) 사이의 핏줄이 할아버지, 아버지, 아들, 손자 등으로 바로 이어지는 계통을 말한다.

그러면 직계존속과 직계비속은 무엇일까?

직계존속은 조상으로부터 자기에 이르기까지 이어 내려온 혈족을 말하는데 부모, 조부모(할아버지/할머니), 증조부모(증조할아버지/증조할머니) 등을 말한다(형제가 아닌 관계).

나보다 웃어른들 쪽의 위치에 있는 분을 말한다.

직계비속은 반대로 자기로부터 아래로 이어 내려가는 혈족을 말하는데 자녀, 손자, 증손 등이 이에 해당된다. 나보다 아래쪽에 있는 사람들을 말한다(형제가 아닌 관계). 그러므로 친동생이나 처남, 큰아버지(삼촌)등은 직계존속도, 직계비속도 아니다.

다만 큰아버지나 작은아버지, 큰할아버지는 방계존속, 조카나 조카손자는 **방계비속**이라 하고, 처남과 같이 자신의 배우자 계통 사람들은 **인척**이라고 한다.

다음 전자소송 화면은 당사자 변경 신청을 통해서 망자 피고를 그 상속인들로 피고 정정 신청을 하는 화면이니 참고하기 바란다.

물론 전자소송으로 진행하지 않으면 '당사자표시 정정 신청서'를 다음과 같이 작성해 제출하면 된다.

당사자(피고) 표시 정정 신청서

사 건 20○○가단○○○ 공유물분할청구의 소
원 고 ○○○
피 고 ◇◇◇

위 사건에 관해 원고는 다음과 같이 피고 표시 정정을 신청합니다.

정정한 피고의 표시
피 고   □□□(000000-0000000)
           ○○시 ○○구 ○○길 ○○번지

신 청 이 유

원고는 망자 ***를 상대로 공유물분할청구의 소를 제기한 바 있으나, ***는 20○○. ○. ○. 이미 사망했으나 원고는 이 사실을 모르고 소를 제기했으므로 ***의 상속인 □□□들로 피고 표시를 정정하고자 위와 같이 신청합니다.

첨 부 서 류
1. 가족관계증명서 1통
1. 당사자(피고) 표시 정정 신청서 부본 1통

20○○. ○. ○.

위 원고 ○○○(서명 또는 날인)

○○지방법원 제○민사부 귀중

망인의 관련 서류를 떼서, 확인된 상속인들을 위의 당사자표시 정정 신청으로 변경하고, 아래 '청구 취지 및 청구원인 변경 신청서'를 통해 상속 지분과 피고들의 상황에 맞게 내용을 변경해 제출한다.

  전자소송 홈페이지 전면의 '민사서류'를 누르고 청구 취지 및 청구원인 변경 신청서를 클릭해 내용을 적고 전자 제출을 해도 된다.

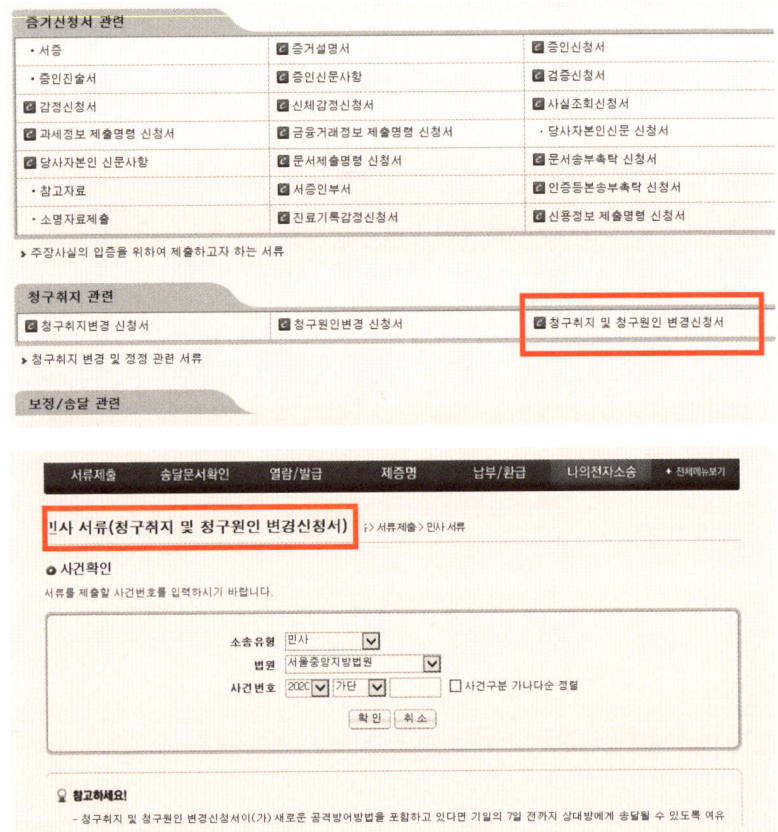

청구 취지 및 원인 변경 신청서

사 건 20○○가단○○○ 공유물분할소송
원 고 ○○○
피 고 ◇◇◇

위 사건에 관해 원고는 아래와 같이 청구 취지 및 원인을 변경합니다.

변경한 청구 취지

별지 목록 기재 부동산을 경매에 부쳐 그 경락 대금에서 경매 비용 및 제세금을 공제한 나머지 금액을 원고 ***에게 2분의 1을, '피고 ○○에게 2분의 1의 비율'을 '피고1에게 6분의 2, 피고2에게 6분의 2, 피고3에게 6분의 2의 비율'로 배당한다.

변경한 청구원인

'피고1에게 6분의 2, 피고2에게 6분의 2, 피고3에게 6분의 2의 비율'로 망자 상속인들의 지분비율로 변경된 부분과 상속인과 망자와의 관계를 기존에 제출된 청구 이유 부분과 비교해 독자들의 사건과 맞게 수정해 제출하면 된다.

입증방법

첨부서류
1. 가족관계증명서 1통
1. 신청서부본 1통

20○○. ○. ○.

위 원고 ○○○ (서명 또는 날인)

○○지방법원 제○민사부 귀중

아래 '나의 사건검색'은 상기 사건의 진행 상황을 시간 순에 따라 표시한 부분들이니, 청구 취지 및 청구원인 변경 신청서를 제출한 시점을 중점적으로 보고 독자분들이 이 같은 상황을 만나게 되면 다음 내용이 참고가 되었으면 한다.

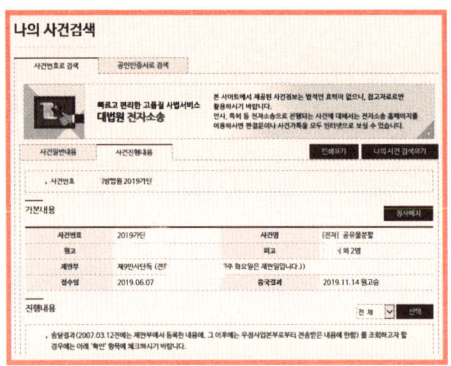

2019.07.16	원고	당사자표시정정 신청서 제출	
2019.07.18	피고1	에게 소장부본/청구취지변경신청/당사자표시정정신청/소송안내서/답변서요약표 송달	2019.07.23 도달
2019.07.18	피고2	에게 소장부본/청구취지변경신청/당사자표시정정신청/소송안내서/답변서요약표 송달	2019.07.23 도달
2019.07.18	피고3	에게 소장부본/청구취지변경신청/당사자표시정정신청/소송안내서/답변서요약표 송달	2019.07.23 도달
2019.07.30	원고	에게 인지환급청구보정권고 송달	2019.08.02 도달
2019.08.12	원고	소송인지 과오납 확인서 제출	
2019.09.09	원고	에게 변론기일통지서 송달	2019.09.10 도달
2019.09.09	피고1	에게 변론기일통지서 송달	2019.09.18 폐문부재
2019.09.09	피고2	에게 변론기일통지서 송달	2019.09.18 폐문부재
2019.09.09	피고3	에게 변론기일통지서 송달	2019.09.18 폐문부재
2019.09.17	원고	에게 인지환급청구보정권고 송달	2019.09.24 도달
2019.09.25	피고3	에게 변론기일통지서 발송	2019.09.26 송달간주
2019.09.25	피고2	에게 변론기일통지서 발송	2019.09.26 송달간주
2019.09.25	피고1	에게 변론기일통지서 발송	2019.09.26 송달간주
2019.10.22	변론기일(제10호 법정(3신관 1층) 14:10)		변론종결
2019.10.22	피고1	에게 판결선고기일통지서 송달	2019.10.28 폐문부재
2019.10.22	피고2	에게 판결선고기일통지서 송달	2019.10.28 폐문부재
2019.10.22	피고3	에게 판결선고기일통지서 송달	2019.10.29 폐문부재
2019.11.01	피고2	에게 판결선고기일통지서 발송	2019.11.01 송달간주
2019.11.01	피고1	에게 판결선고기일통지서 발송	2019.11.01 송달간주
2019.11.01	피고1	에게 판결선고기일통지서 발송	2019.11.01 송달간주
2019.11.04	피고3	에게 판결선고기일통지서 발송	2019.11.04 송달간주
2019.11.14	판결선고기일(제16호 법정(3신관 2층) 14:00)		판결선고
2019.11.14	종국 : 원고승		
2019.11.15	보정명령		
2019.11.15	원고	에게 판결정본 송달	2019.11.23 0시 도달
2019.11.18	원고	에게 보정명령등본 송달	2019.11.26 0시 도달
2019.12.02	원고 박은화 송달료보정서 제출		
2019.12.03	피고1	에게 판결정본 송달	2019.12.09 폐문부재
2019.12.03	피고2	에게 판결정본 송달	2019.12.09 폐문부재
2019.12.03	피고3	에게 판결정본 송달	2019.12.10 폐문부재
2019.12.13	공시송달처분		
2019.12.13	공시송달처분		
2019.12.13	피고	에게 판결정본 발송 (공시송달)	2019.12.28 0시 도달
2019.12.13	피고2	에게 판결정본 발송 (공시송달)	2019.12.28 0시 도달
2019.12.16	공시송달처분		
2019.12.16	피고3	에게 판결정본 발송 (공시송달)	2019.12.31 0시 도달

▶ 송달내용은 법원에서 해당 당사자(대리인)에게 해당 내용의 송달물을 발송한 내용입니다.
▶ 송달간주(발송송달)는 민사소송법 제189조에 의하여 서류를 당사자가 직접 송달 받지 않았다 하더라도 우체국 접수 시 송달된 것으로 간주되어 송달효력이 발생하는 제도입니다.

Part
02

지분경매 해결은 부드러움이 이긴다

제자들의 '협상'을 통한
해결ㅅ, ㅇ, ㅈ, ㅊ2 법칙

처음 부동산 경매 공부를 하고, 바로 지분경매 입찰에 들어가는 분들도 망설이지 말고, 특수물건으로 분류된 지분경매에 도전해도 된다. 이 책의 소송과 협상의 2가지 기술 흐름이 파악되었다면 자신 있게 입찰에 참여해도 좋다. 일반물건의 입찰과 똑같다.

물론 나중에 지분해소 문제를 풀어나갈 해결 프로세스의 기술을 갖추어야 한다는 전제만이 다르고 모든 입찰 과정은 똑같다.

경매법원에 가면 투표소와 같이 생긴 입찰장에서 다음과 같이 '입찰 봉투, 기일입찰표, 매각보증금 봉투' 3가지 서류를 작성하고 제출해서 1등 입찰자가 될 때 낙찰자가 되어 드디어 지분부동산의 소유자가 되는 것이다.

서류를 제출 후, 집행관으로부터 아래 '입찰자용 수취증'을 받고

개찰을 기다린다.

  이제 낙찰만 되면 된다. 긴장되는 순간이지만, 기본적인 지분물건 외에 깊은 공부를 통해 내공을 가진 사람들만이 이 시간에 자신 혼자만이 단독 낙찰임을 감지하게 되는데, 이같이 단독 입찰물건에서 큰 수익이 나오게 되는 것을 많은 경험으로 보아왔다.

  남들은 접근하지 못하지만, 나는 해결할 수 있는 지분물건 중의 특수물건을 찾는 방법을 알아가는 것이 바로 우리가 공부를 계속하는 이유다.

  그 이후 잔금을 법원에 납부한 날이 진정한 소유주가 되어 지분경매의 해결을 위한 시작점이 된다.

  '내용증명'을 보낼 수 있는 법적인 지위를 확보한 것이다. 이제 내용증명을 통해서 상대방 타 공유자와의 만남이 시작되면, 바로 '협상'의 전략이 필요하기에 우리는 소송을 알기 이전에 '협상력'에 대한 공부를 체화시킬 필요성을 느끼게 된다.

  협상은 기본적으로 부드러운 말투로 상대를 대하는 것을 기본으로 해야 한다. 첫 만남부터 서로 얼굴을 붉히며 큰소리를 내고 적대적으로 대하는 태도로 나간다면 아마 그 이후는 바로 소송으로 진행이 될 것이고, 그 소송도 상당히 힘든 과정과 긴 시간을 소요하며 지루한 여정이 될 가능성이 크다.

  "지분경매 해결은 부드러움이 이긴다!" 명심하기 바란다.

다음 사진들은 경매법원에서 지분경매를 입찰하기 위해서 입찰표를 작성하고 입찰 봉투에 넣고 보증금과 서류들을 실제 입찰장에서 제출 전에 찍은 사진이니 아직 입찰을 해보지 않은 초심자들은 서류를 유심히 보며 입찰장에서 어떻게 입찰하는지 시뮬레이션 해보기 바란다.

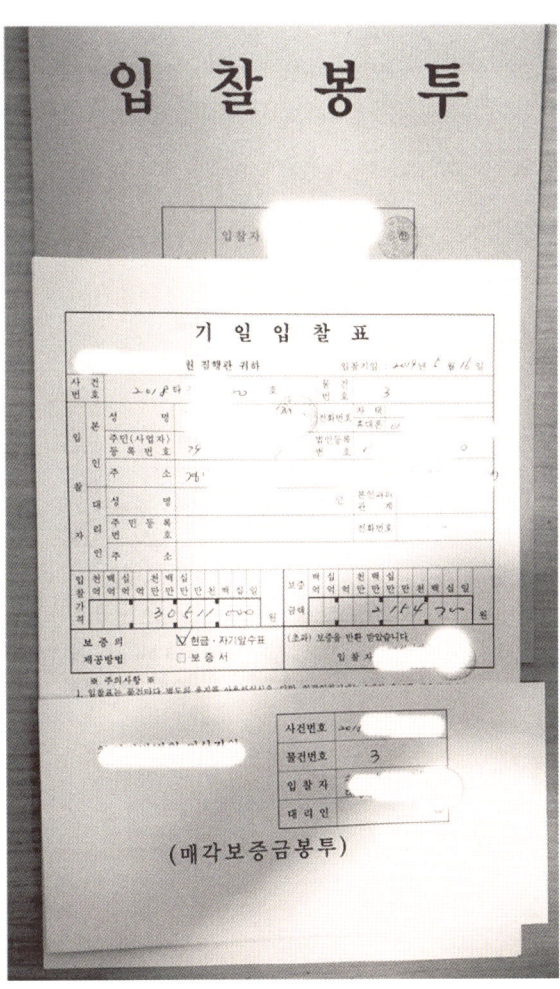

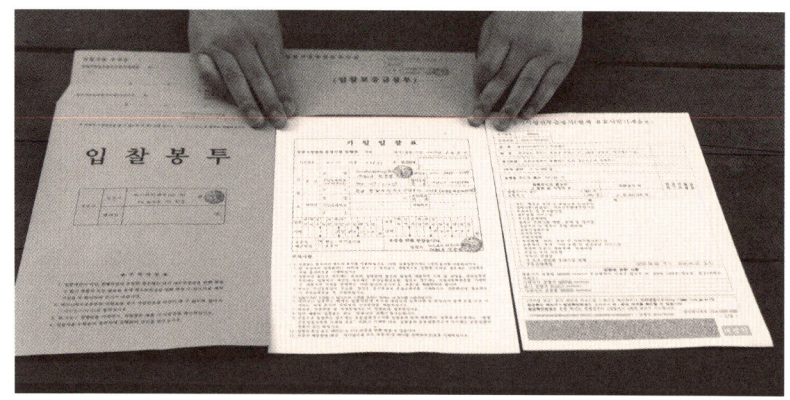

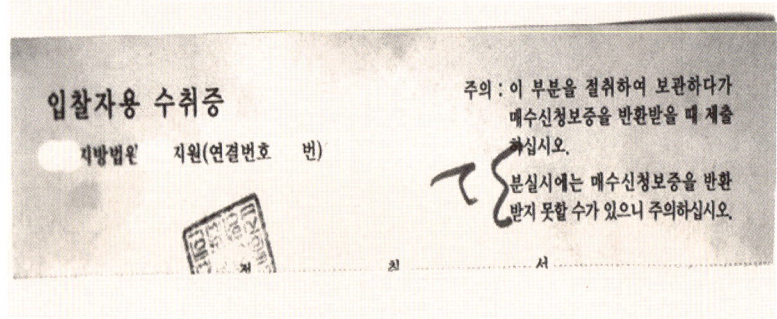

이제 낙찰이 되고 잔금까지 처리를 마쳤다면 내용증명을 통해서 상대방 타 공유자와의 만남이 시작되면서 바로 '협상'의 전략이 필요하다. 지분경매를 신속하게 해결하는 방법은 소송보다는 협상을 통해 상대방과의 협의를 이끄는 전략이다.

독자 여러분들에게 실전에서 바로 써먹을 수 있는 협상기억법을 제시한다.

ㅅ, ㅇ, ㅈ, ㅊ2 법칙

5가지의 앞 글자(ㅅ, ㅇ, ㅈ, ㅊ2)를 꼭 기억해서 상대방과 만남이나 전화통화를 할 때, 연습을 통해 체화시켜야 자연스럽게 협상을 이끌어갈 수가 있다.

지분경매 실전반에서 같이 공부하는 제자들이 실전에서 성공적으로 무수히 사용하고 있는 매우 중요한 협상법이다. 협상법을 더 공부하고자 하는 분은 대형서점의 '협상' 코너에 가서 다양한 협상 관련 책들을 실제 서점에서 읽어보고 구입해 공부한다면 협상력이 배로 증진되어 실전에서 전문가 수준으로 협상을 이끌어갈 수 있을 것이다. 더 많은 공부하기를 권한다.

이 5가지 기본적인 협상법을 기억하면서 다른 협상 책들을 읽고, 공부한다면 협상의 큰 골자를 머리에 익힌 상태에서 첨가하는 것이라 협상력 공부가 흥미롭고 이해가 빠르게 될 것이다.

경매 낙찰 후, 타 공유자와의 수많은 협상 상황들을 미리 생각해보면서 협상력을 대응해보고 연습해 실전에 나가야 한다.
여러분들이 협상 공부를 하고 실전에 임한다면, 협상력에 의해서 지분경매의 승패가 갈린다는 것을 바로 알게 될 것이다.

이제 5가지 기본 협상법에 관해서 공부하자!

협상 ㅅ, ㅇ, ㅈ, ㅊ2 법칙
Tip 협상의 노하우 ㅅ, ㅇ, ㅈ, ㅊ2(순차적으로 기억합시다!)

지분경매뿐만 아니라, 일상생활에서 일어나는 수많은 협상 중 계속 성공적으로 사용할 수 있다. 인생의 모든 상황 상황들이 사실 알고 보면 협상의 연속이다. 협상을 알고 사업하거나 영업한다면 백전백승이다.

- 상급자 법칙(상급자를 가상으로라도 만들어라)
타 공유자와 만나서 지분해소에 관해 협의하는 과정에서 의사결정을 해야 할 때, 여러분이 직접 결정한다는 인상을 상대방에게 주어서는 안 된다. 항상 여러분이 오너일지라도 가상의 상급자(혹은 하급자 중에 그 분야의 전문가)를 만들어 협상테이블에 나가도록 한다. 그래야만 갑작스러운 상황을 잠시 피해서 더 좋은 의사결정을 이끌기 위한 필수적인 협상스킬 중 하나다.

- 엄살 부리기(엄청 놀라는 척을 해라)
상대방도 자신이 제안했을 때 자신이 요구한 대로 되리라고 기대하지 않을 것인데 만약 여러분이 놀라는 모습이나 엄살을 부리지 않는다면, 상대방의 제안이 가능하다고 말해준 셈이므로 일부러 내키지 않는 척 크게 엄살을 꼭 부려야 한다. 그렇지 않으면 상대방은 자신의 제안이 너무 상대에게만 유리하게 제시된 것이 아닌가 하는 생각에 계속 머무르게 되어 협상이 그다음 스텝으로 진행하기가 힘들어지게 될 것이다.

- 질문하기(대답을 많이 하기보다는 질문을 하라)
협상테이블에서 여러분들이 말을 많이 하기보다는 자꾸 질문을 던져서 상대방의 정보와 의중을 가늠해보는 것이 훨씬 유리하며, 또한 말을 많이 함으로써 상대방에게 여러분들의 정보를 무심결에 알려주는 것까지 방지할 필요가 있기 때문이다. 나의 정보는 상대에게 되도록 알리지 말고 상대에 관한 정보를 최대한 수집하는 것이 협상의 제1법칙이므로, 내가 말을 많이 하기보다는 상대가 말을 많이 하도록 상대방에게 질문하는 것이 협상의 유리한 고지를 점하게 될 것이다.

- 침묵하기(무조건 침묵한다고 생각해라)

여러분이 제안을 내어놓은 후 상대방의 반응에도 침묵으로 일관하고, 상대방이 제안했을 때도 침묵으로 답하면서 상대방이 먼저 말문을 열기를 기다려보자. 상대방이 참지 못하고 말을 먼저 한다면 협상의 주도권은 여러분들이 쥐는 것이다. 또한, 그 제안은 생각지도 않은 좋은 방향으로 협상의 주도권을 가져올 가능성이 많이 있다. 여러분들이 협상을 빨리 종결시키지 못해서 안달난 듯, 말을 먼저 하는 순간, 여러분의 협상은 실패할 확률이 높다. 그래서 시간이 촉박한 사람은 협상에서 이미 불리한 조건을 가지고 있다. 공유물을 점유하고 있는 공유자의 경우, 이에 해당한다 하겠다. 빨리 이익을 얻고 싶은 마음에 급한 듯한 인상을 보였다간 협상에서 불리한 위치가 되기에 십상이다.

- 첫 제안에 예스 안 하기

여러분들이 첫 제안에 "예스"라고 한다면 상대방은 다시 한번 생각한다. 왜냐하면, 자신의 제안에 허점이 있다고 생각하며 처음 제안한 것을 두고두고 후회할 것이기 때문이다. 또한, 상대방이 이겼다고 느끼게 하기 위해서라도 항상 첫 제안에는 생각하는 척이라도 해야만 한다. 이 법칙을 어기고 첫 제안에 예스를 하는 경우에는 타결된 협상도 다음 날 바로 깨지는 경우가 많으니 반드시 첫 제안에 예스를 하는 실수를 범하지 말아야 한다. 5가지의 앞 글자(ㅅ, ㅇ, ㅈ, ㅊ2)를 꼭 기억하자. 실전에서 무수히 쓰이고 있는 매우 중요한 협상법이다. 이 협상법을 기억하면서 경매 낙찰 후(점유자의 명도, 타 지분권자와의 협의 시, 후순위채권 양도, 양수 시) 수많은 상황을 생각해본다면 여러분들은 다시 한번 협상력에 의해서 승패가 나뉘는 결과를 가져온다는 사실을 알게 될 것이다.

* (ㅊ은 2개이므로 ㅊ2로 표기했다) - 침묵, 첫 제안

'협상'이 결렬되면 이제 소송으로 해결

내용증명을 타 공유자에게 보내면 내용증명에 적힌 나의 전화번호로 바로 타 공유자로부터 전화가 오는 경우가 보통 일어나는 상황이다.

다음 카톡 내용은 지분경매 물건을 낙찰받은 실전반(매주 수요일 저녁 7~9시 6개월 오프라인·온라인 과정, 네이버밴드 및 유튜브 가입)에서 공부하는 제자의 지분경매 해결 상황을 알려주는 내용이라 올려놓았다.

소송을 제기하기 전에 전화로 낙찰받은 지분의 매입에 관해 상대방과 의논했으나 매입 가격의 접점을 찾지 못했고, 상당 기간을 협의를 위해 기다렸으나 끝내 협상이 결렬되어 '공유물분할청구의 소'를 제기하기에 이르렀다.

그간 진행된 내용을 살펴보면 독자 여러분들도 어떠한 순서로 일을 진행할 것인지 프로세스의 감을 잡을 것이다.

공유물분할소송 + 부동산 처분금지가처분

일단 소송에 돌입하게 되면 '소송과 가처분'으로 진행하게 되는데 이 2가지가 1세트로 진행하게 된다.

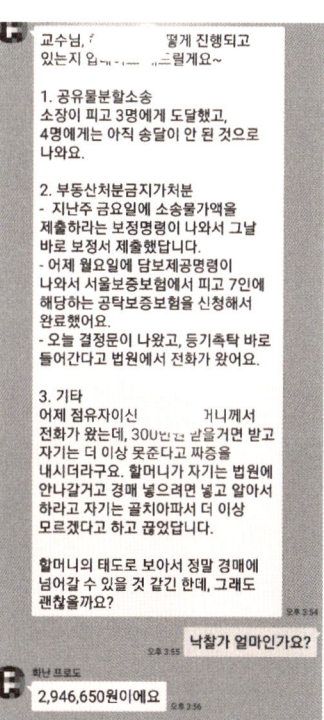

옆의 카톡 내용 중 먼저 1번은 타 공유자인 피고가 7명으로 구성된 물건을 낙찰받아 공유물분할 소장을 제출하니 3명은 송달받고, 4명에게는 아직 송달되지 않았다고 알려주는데 이 경우도 다음번에 법원에서의 재송달로, 송달이 모두 완료되었다.

이 물건은 지분경매에 입문하는 초보자의 공부 차원에서 선택한 물건이기에, 7명의 식구로 구성된 다소 많은 인원으로 구성된 물건이다.

다시 언급하지만, 타 공유자가 5명이 넘는 물건의 입찰은 되도록 접근하지 않는 것이 좋다.

2번 내용은 부동산 처분금지가처분에 관한 내용으로, 타 공유자들이 의도적으로 혹시 있을 자신들의 지분 부동산 등기부등본에 제한물건 및 매매 등을 하지 못하게 먼저 내가 가처분 신청으로 막는 전략을 구사하기 위해 바로 부동산 처분금지가처분 신청을 했다.

공유물분할소송 및 부동산 처분금지가처분 신청서를 작성하는 데 가장 어려워하는 부분이 소송물가액을 만드는 부분인데, 이 부분의 계산은 '대한법률구조공단'의 '소송비용 자동계산기'를 이용해 만들게 되면 수월하게 작성할 수 있다.

포털 사이트(네이버, 다음)에서 대한법률구조공단을 검색해 홈페이지에 들어가면 바로 전면 하단 우측에 다음과 같이 '소송비용 자동계산'이 있음을 알 수가 있다.

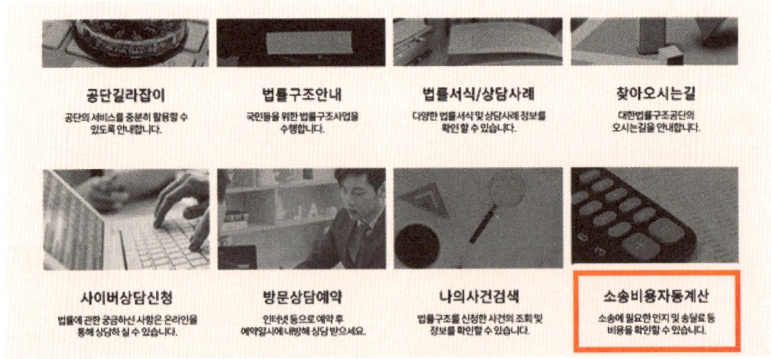

다음 '대한법률구조공단'의 '소송비용 자동계산기'를 이용해 건물소가산정을 하는데, 먼저 '시가표준액'을 계산해야 한다.

시가표준액은 다음의 계산식으로 산출하는데, 이 복잡한 내용을 '소송비용 자동계산기'를 통해 쉽게 계산해낼 수 있다.

시가표준액 = 신축건물 기준가액 × 구조지수 × 용도지수 × 위치지수 × 건물의 경과 연수별 잔존가치율 × 면적 × 건물특성별 가감산율

지금까지 소송과 가처분을 하면서 이 부분이 어렵다고 생각해 지분경매에 도전하기를 포기하는 분들이 많았는데, 이 부분을 극복하고 나면 자신감이 생겨 쉽게 투자할 수 있다.

인지와 송달료 계산 역시 대한법률구조공단의 소송비용 자동계산기를 통해 계산하면 된다.

공유물분할소송에서의 인지액을 계산하기 위해서 '건물소가'를 먼저 계산해야 한다. 그리고 건물소가로 계산한 금액에 1/3(고정값 즉 상수)을 곱해주고 또 나의 지분비율(원고의 지분비율)을 곱해주면 바로 '소송물가액'이 산출된다.

과거에는 이 소송비용 자동계산기가 없어 인지 및 송달료 계산하는 방법에 대해 많은 시간을 할애해 따로 강의를 듣거나 공부했지만, 이제는 그럴 필요가 전혀 없다. 바로 소송비용 자동계산기로 계산해 나온 값을 바로 출력해 소장에 첨부해주면 된다.

예를 들어, 소송물가액이 10,000,000원(일천만 원)이 산출되고 원고 1명, 피고 2명인 경우의 공유물분할소송에서의 인지 및 송달료 금액을 소송비용 자동계산기에 넣고 계산해보자.

소송물가(청구 금액)에 10,000,000을 입력하고 종류에는 '소장'이 1심 재판에 해당하고 항소장이 2심이다. 우리는 1심 '소장'에 체크해야 한다.

　원고는 1명, 피고는 2명을 체크하고 계산하기를 클릭하면, 바로 인지액 5만 원과 송달료 144,000원이 산출되므로 출력하기를 눌러 출력물을 소장에 첨부해 제출하면 된다.

　정말 쉽지 않은가. 하나하나 이 책을 따라 하면 해낼 수 있고, 자신감이 생긴다.

본안사건 인지 및 송달료 계산 결과		
구분	내용	결과
본안사건 인지 및 송달료 계산	• 소송물가액(청구금액) : 10,000,000원 • 종류 : 소장 • 원고(채권자, 신청자) : 1명 • 피고(채무자, 신청자) : 2명 • 인지액이 1만원 이상인 경우 현금으로 납부 합니다. • 2017. 1. 1.부터 소액사건 대상 범위가 '소가 3천만원 이하 사건'으로 변경되었습니다. • 2019.05.01 송달료 4,800원으로 인상 되었습니다.	• 인지액 : 50,000 원 • 송달료 : 144,000 원

　가처분은 법원으로부터 약 7일 기한으로 담보제공을 명령받고 서울보증보험 홈페이지에 접속해 회원가입을 하고 공탁보증보험 증권 발행을 진행한다.

　'보험가입'을 누르고 '다이렉트 보험서비스' 다음으로 '전자보증서발급'을 누르면 된다.

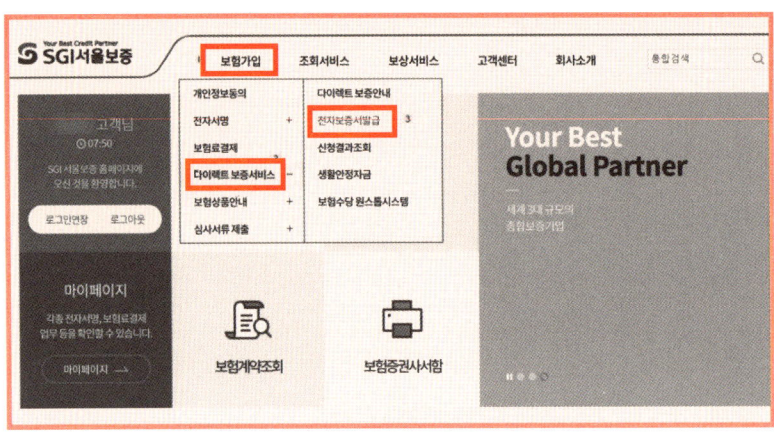

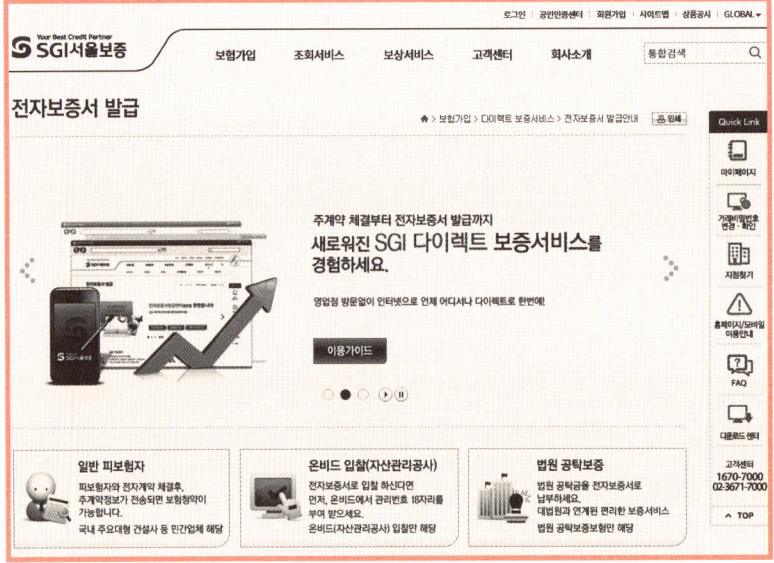

그 이후 나오는 화면 '법원공탁보증' 우측 하단을 클릭해 사건번호와 관할법원을 넣고 조회하면 사건번호 검색 결과가 확인되면서 진행한다. 원활하게 진행이 되지 않으면 고객센터(1600-7000)로 전

화하면 가까운 지점을 연결해준다.

온라인으로 진행이 잘 안 되면 팩스(요즘은 핸드폰 앱으로 무료 '나만의 팩스'가 있으니 활용하면 된다)로 담보결정명령서를 보내고 전화상으로 진행해도 되고, 핸드폰으로 담보결정서를 사진을 찍어서 보내줘도 된다.

공탁보증보험증권이 발행되면 여러분들이 직접 법원에 제출하지 않아도 된다. 서울보증보험 지점에서 알아서 법원으로 접수시켜준다. 87쪽 카카오톡 메시지의 3번 내용을 살펴보면 7명의 공유자 중 할머니(타 공유자의 어머님)가 낙찰받은 지분물건에 점유하고 살고 있음을 알 수 있다.

물론 이 같은 경우에 내 지분비율만큼 부당이득금반환청구소송과 부동산 가압류를 진행할 수는 있지만, 임차료 상당의 부당이득금이 300만 원 이하인 경우 소송을 진행하거나 가압류를 신청하면 각하될 가능성이 크기 때문에 진행하지 않는 것이다.

공유물분할소송을 제기하니 경매를 넣어도 모르겠다고 타 공유자 할머니가 말씀하지만, 결국은 법에 의해서 진행되는 것이므로 그대로 난 몰라 하고 있어도 판결문에 의해서 형식적 경매로 진행될 수밖에 없다. 형식적 경매로 진행된다면 결국 제삼자가 낙찰받아 집 전체가 매각되기에 더 이상 협상에 임하지 않고는 방법이 없게 된다.

다음의 메일은 그 이후에 진행된 사항에 관한 내용이다. 법원의 선고에 의해서 판결문이 원고 및 피고에게 발송되었음을 알 수 있다.

판결문을 송달받은 할머니는 전화해서 약 295만 원에 낙찰받은 물건인데, 500만 원에 지분을 매도하라고 하고, 낙찰받은 원고인 제자는 600만 원을 제시하는 밀고 당기는 협상이 시작된 것이다.

제자가 협상 중에 필자에게 의논하기에 지분경매 공부를 하고 처음 진행한 지분경매 물건이니 협상에서 '부풀려 말하기' 전략으로 일단 600만 원을 제시하다가 다시 금액을 낮추어서 밀당하도록 조언해 실제 여러 차례 전화통화를 통해서 결국은 500만 원에 합의를 보고 본 투자는 성공적으로 마무리되었다.

이 경우, 내 지분을 타 공유자에게 매각하는 것도 일종의 부동산 매매거래이니 부동산 매매계약서도 작성해야 하고, 또 소유권이전등기도 해야 한다. 타 공유자가 지방에 살고 있어 그가 내가 있는 곳에 와서 근처 법무사 사무실에서 계약과 등기를 할 수 있도록 안내해 실제 이 건은 내가 있는 곳의 법무사 사무실에서 매매계약과 소유권이전등기를 실행한 케이스다.

✉ **교수님, **시 **동건 지분공매 관련해서 업데이트해드릴게요.**
To : hongseo1022@hanmail.net (필자 조홍서의 이메일 주소)

교수님, **시 **동건 지분공매 관련해서 업데이트해드릴게요. 판결문이 도착하고 나서 며칠 후 점유자이신 김**할머니로부터 연락이 왔는데, 그냥 경매로 넘기든지 말든지 난 모르겠다고 막무가내로 나오시더라고요.

집이 다 경매로 넘어가면 손해가 크실 거라고 설명해드렸더니, 다시 생각해보겠다고 하시더라고요. 그러고 일주일 정도 있다가 다시 연락이 왔는데 막내딸이 도와주기로 했으니 합의해주면 안 되겠냐고 그러셔서, 600만 원 이하로는 안 된다고 그랬거든요. 그랬더니 제발 500만 원에 해달라고 통 사정을 하셨어요. 제가 낙찰받은 금액이 294만 원이니 500만 원에 합의해도 나쁘지 않을 것 같은데 어떻게 생각하시는지요?

이 물건은 처음 지분경매를 배우고 실전 연습용으로 공매를 통해 낙찰받은 낙찰가 약 295만 원의 물건이다.

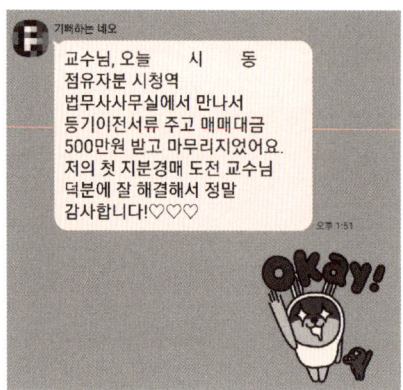

　결론적으로는 앞의 카톡 내용처럼 공유물분할소송을 제기해 판결을 이끌어내었더니, 협상으로 295만 원에 낙찰받은 물건을 법무사 사무실에서 500만 원에 지분을 넘겨주고 성공적으로 끝낸 것이다.

3

협상이 지지부진하면
공유물분할소송 제기

앞에서 공부한 내용을 다시 정리하면 아래와 같은 순서를 통해 진행한다.

1. 내용증명 발송
2. 협상 혹은 결렬
3. 결렬 시 공유물분할소송 제기

협상을 통해 해결되면 그것이 가장 최선이지만, 결렬되면 바로 소송에 돌입하게 된다.

지분경매를 통해서 소송을 진행한다면 2가지 소송을 할 수 있다.

부당이득금반환청구소송 및 공유물분할청구소송이 2가지 소송인데, 여기서는 먼저 '공유물분할청구소송'에 대해서 설명한다.

소장의 겉표지에는 소가 계산 내역을 적어야 하는데, 여기 내용은 토지 지분만을 낙찰받은 경우이므로 토지의 면적과 공시지가, 30/100, 원고의 지분비율을 곱해 나온 값이 바로 '소가'다.

> 소가 : 174,000원(공시지가)×256㎡(면적)×30/100(고정값 즉 상수)×11/16(원고 지분 비율) = 9,187,200원

소송비용 자동계산기에 소가(9,187,200원), 원고(1명), 피고(5명) 등을 입력하면 다음과 같이 계산되어 나타난다.

우측 아래 출력하기를 눌러 나온 출력물을 소장에 붙여 제출해도 된다.

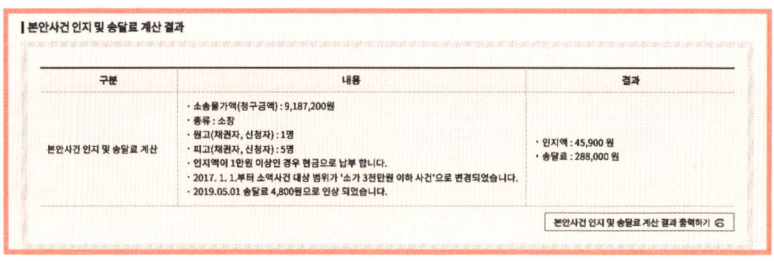

공유물분할소송에 관한 청구 취지는 별지 목록을 따로 만들어서 내가 낙찰받은 부동산의 주소, 면적, 지분비율을 적는다.

청구 취지는 다음과 같이 경매에 부쳐 각 지분비율대로 배당해 달라는 청구 취지를 쓰는 경우가 있고, 현물분할이 가능한 토지인 경우는 바로 지분비율대로 토지를 분할해달라는 청구 취지를 적고 간략한 분할도면을 첨부해 제출한다.

다음 소장의 청구 취지는 현물분할이 불가능한 경우이므로, 별지 목록 기재의 부동산은 이를 경매에 부치고 그 경락대금에서 경매 비용 및 제세금을 공제한 금액을 6분해서 원고에게 16분의 11을, 피고들에게 각 16분의 1씩 배당한다고 소장에 적시했다.

그러나 대부분의 경우, 이같이 소장을 제출하면 조정으로 진행되는 경우가 많다. 물론 경매에 이르는 판결이 나오는 경우도 있지만, 재판 중 상대의 태도나 판사의 재판을 이끄는 상황을 살피면서 내가 조정을 원한다면 나의 의견을 개진해나가야 할 것이다.

물론 공유물분할의 소에서 공유 부동산의 자신들 지분비율만큼 각자의 공유자에게 귀속시키는 것으로 현물분할하는 내용으로도 조정이 성립할 수가 있다. 바로 그 조정조서도 공유물분할판결과 동일한 효력을 가지는 판결에 해당한다.

공유물분할소송은 공유자 사이의 기존의 공유관계를 폐기하고 각자의 단독 소유권을 취득하게 하는 형성의 소이다. 재판부에서는 공유물분할을 청구하는 원고가 구하는 청구 취지에 구애받지 않고 판사의 자유로운 재량에 따라 합리적인 방법으로 공유물을 분할할 수도 있다.

공유물분할의 소송이 계속 중이라고 할지라도 원고, 피고들 사이에 공유물분할의 협상이 성립되어 계속 중인 분쟁을 해결할 수 있는 길이 생기는 경우도 있다. 이 경우는 소송을 취하하고 서로 원하는 대로 협의하고 재판을 종결시키는 방법으로 진행하기도 한다.

소 장

사건번호	
배당순위번호	
재판부	제　부(합의)
주 심	

공유물의 분할청구의 소

원 고
피 고

소가	금 9,187,200원
첩부할 인지액	금 45,900원
첩부한 인지액	금 45,900원
송달료	금 288,000원
비고	㊞

소가 : 174,000원×256m^2×30/100×11/16= 9,187,200원

○○지방법원　○○지원 귀중

소 장

공유물의 분할청구의 소
원 고
피 고

청 구 취 지

1. 별지 목록 기재의 부동산은 이를 경매에 부치고 그 경락 대금에서 경매 비용 및 제세금을 공제한 금액을 6분 해 원고에게 16분의 11을, 피고들에게 각 16분의 1씩 배당한다.

2. 소송비용은 피고들의 부담으로 한다.
   라는 판결을 구합니다.

청 구 원 인

1. 원고는 별지 목록 기재의 토지 지분 16분의 11을 소외 ***로부터 금 47,530,000만 원에 낙찰받아 16분의 11의 지분을 공유하고 있습니다.

2. 원고는 이 건 토지에 대해 피고들과 공유물분할에 대해 합의하고자 하오나, 피고들의 수가 많고 주소 역시 근거리가 아니어서 분할의 합의를 하기 쉽지 않고, 위 공유물은 한 필의 토지 및 한 동의 건물(미등기상태임)로서 분할하기 쉽지 않은 것이 현실입니다.

그러나 공유물은 분할하지 않는다는 특약이 있지 않은 한, 원고의 청구에 의해 언제든지 분할할 수 있는 것이나, 토지를 물리적으로 분할함에 큰 손해를 볼 우려가 있으므로(위 토지 지상의 미등기 건물은 소외 ***의 소유입니다) 위 토지를 모두 경매해 그 경락 대금을 분할하는 것이 최선의 방법이라 할 것입니다.

3. 그런데 피고 등은 원고의 청구에 응하지 않으므로 부득이 재판상의 분할청구를 구하기 위해 이 소에 이른 것입니다.

증 거 방 법

1. 갑제 1호증 부동산 등기부등본
1. 갑제 2호증 개별공시지가열람표
1. 갑제 3호증 **경매 정보
1. 갑제 4호증 건물출대장

첨 부 서 류

1. 소장부본 1 부
1. 위 호증사본 1 부
1. 위임장 1 부

2020. 1. .

원 고 *

○○지방법원 ○○지원 귀중

다음의 공유물분할소송은 원고와 피고 간에 여러 차례에 걸쳐 별지 목록 부동산의 공유지분해소 문제에 대해 협의할 것을 요청하며 내용증명을 보냈으나, 협의가 더 이상 원만하게 진행되지 않아 공유물분할청구의 소를 제기하기에 이른 사연을 적어 판사에게 그 내용을 알리는 소를 제기했다.

원고와 피고들 사이에 공유물분할에 관한 합의가 이루어지지 아니하고 공유자별로 자신의 지분비율만큼의 위치가 특정되지 않아 현물로 분할할 수 없을 때는 별지 목록 부동산을 경매해 그 매각대금을 공유지분비율에 따라 분할하는 것이 최선의 방법이라는 것을 원고가 주장하고 있다.

따라서 원고는 별지 목록 기재 부동산을 경매에 부쳐서 공유지분에 따라 원고와 피고들에게 배당되도록 해서 공유관계를 해소하자는 주장으로 소를 제기하는 것이 일반적인 공유물분할 소장에 적시하는 내용의 예를 설명한다.

소 장

원 고
피 고

공유물의 분할청구의 소

청 구 취 지

1. 별지 목록 기재의 부동산은 이를 경매해 그 대금에서 경매 비용을 공제한 금액을 6분해 원고 및 피고들에게 각 6분의 1씩 배당한다.
2. 소송비용은 피고들이 부담한다.
  라는 판결을 구합니다.

청 구 원 인

1. 원고는 피고들의 별지 목록 기재 부동산의 6분의 1 지분에 대해 2019. 05. 19. 사건번호 2018타경 *****호로써 매수 신청해 매각허가 결정을 받아 2019. 05. 09. 적법한 절차에 따라 잔금을 납부하고 소유권이전등기를 마친 진정한 소유자입니다.

2. 그러나 원고는 피고들에게 여러 차례에 걸쳐 별지 목록 부동산의 공유지분해소 문제에 대해 협의할 것을 요청했으나, 협의가 더 이상 원만하게 진행되지 않아 공유물분할청구의 소를 제기하기에 이른 것입니다.

3. 위와 같이 원고와 피고들 사이에 공유물분할에 관한 합의가 이루어지지 않고 공유자별로 소유 위치가 특정되지 않아 현물로 분할할 수 없으므로 별지 목록 부동산을 경매해 그 매각대금을 공유지분비율에 따라 분할하는 것이 최선의 방법이라 생각합니다.

4. 따라서 원고는 별지 목록 기재 부동산을 경매에 부쳐서 공유지분에 따라 원고와 피고들에게 배당되도록 해, 공유관계를 해소하기 위해 이 사건 청구에 이른 것입니다.

입 증 방 법

1. 갑 제1호증   내용증명사본 1통
1. 갑 제2호증   토지대장등본
1. 갑 제3호증   부동산 등기부등본

첨 부 서 류

1. 위 입증방법   각 1통
1. 법인등기부등본   1통

2019. 12. .

위 원고

○○지방법원 ○○지원 귀중

[별지]

부동산의 표시

1. 경남

임야 14,876m^2

분할할 지분
김** --------------- 6분의 1
김** --------------- 6분의 1
김** --------------- 6분의 1
김** --------------- 6분의 1
김** --------------- 6분의 1
원고 *** ------------ 6분의 1.

끝.

소장을 재판부에 제출하면 대부분의 피고들은 다음과 같이 변호사를 선임해서 대응하는 경우가 많다.

그러나 법에 의해서 진행되는 소송이므로, 변호사가 나와서 재판을 진행한다고 법이 바뀌는 것이 아니니 상대방이 변호사를 선임했다고 고심하지 않아도 된다.

피고들은 소송 위임장을 재판부에 제출했다.

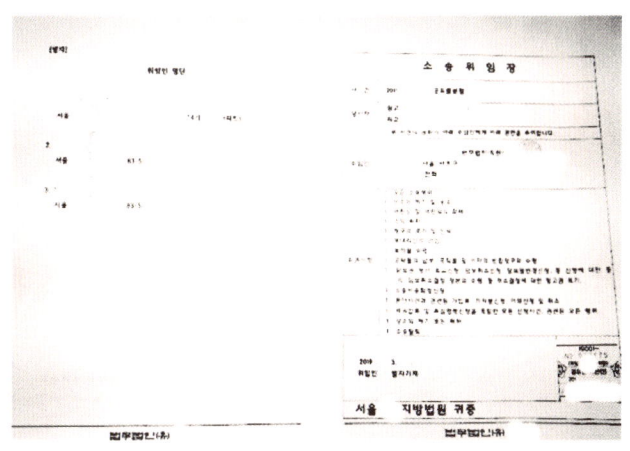

그러면 바로 상대 피고로부터 답변서가 날라온다. 답변서를 보면 원고가 경매에서 취득한 물건은 상속 지분임을 알 수가 있다. 그러나 채무자의 채권, 채무 관계의 문제로 경매에 나오게 되어 결국 원고가 낙찰받아 현재 소송에 이르게 된 내용을 피력하고 있다.

또한, 소송을 진행하기 전에 협의했으나 결론이 나지 않아 소송에 이르게 됨이 적혀 있다. 그러나 피고의 주장은 감정평가 금액이

1억 1,000만 원의 지분물건을 원고가 감정가의 약 30%인 3,500만 원에 낙찰받았고, 원고가 이 감정가의 2~4배를 요구해 협상이 깨졌다고 주장하고 있다.

> 지원 2019가￼ ￼ ￼1 공유물분할 2019.07.29 제출 원본과 상위 없음
>
> **답 변 서**
>
> 2019가단 ￼￼ 공유물분할
>
> 1. 이건 부동산은 피고들 및 소외 황￼ 이 2015. 12. 18.자로 협의분할로인한 상속재산으로 소유권을 취득한 부동산입니다. 하지만 소외 황￼ 의 채무로 인하여 소외 황￼ 의 지분 3분의1에 관하여 경매가 진행되어 2019. 6. 12. 원고가 이건 부동산을 취득하였습니다.
> 이로인하여 이건 부동산은 원고 및 피고들 공유로 되었습니다.
>
> 2. 이건 소장 청구원인 제2.3항에 대하여
> 원고는 이건 소장에서 피고들과 공유지분해소문제에 대하여 협의를 하였으나, 협의가 더 이상 원만하게 진행되지 않아 이건 소를 제기하였다고 주장하고 있습니다.
> 하지만 피고는 원고 지분 3분의 1에 대한 매매의사가 있어 원고와 협의를 하려고 하였으나 원고는 원고지분 3분의1의 경매낙찰금액 3,500만원에 낙찰받았음에도 감정가(1억1천만원)의 2배내지 4배를 요구하여 협의가 되지 않았습니다.
>
> 3. 민법 269조 제1항에 의하면 공유물에 대한 분할의 방법에 관하여 협의가 성립되지 아니한 때에는 공유자는 법원에 그 분할을 청구할 수 있다라고 되어 있습니다.
> 원고의 과다한 매매금액 제시로 인하여 협의가 성립되지 않음이 명백하므로 위 민법조항에 따라 원고와 피고는 이건 소 제기전에 협의를 다시 진행함이 타당합니다.
>
> 4. 원.피고가 이건 분할에 대한 정당한 협의가 없는 일방적인 원고의 이건 청구는 기각되어야 합니다.

그리고 다시 한번 협의할 의사가 있음을 얘기하고 있고, 조정기일을 잡아달라는 내용으로 답변서를 제출했다.

디원 2019기 공유물분할 2019.07.29 제출 원본과 상위 없음

5. 이런 사정을 감안하시어 원고와 피고들이 이건 소송에 의한 경매에 의한 현금분할이 아닌 협의에 의한 방법으로 진행될 수 있도록 조정기일을 지정하여 주시기 바랍니다.

2019. 7. 26.

피 고

상대 피고로부터 접수된 다른 내용의 답변서다. 답변서를 보면 원고는 임야를 경매로 취득 후 피고와 협의가 되지 않고 현물분할이 불가하니 전체 임야를 경매에 부쳐 대금분할해달라는 취지의 소를 제기한 것을 알 수가 있다.

상대의 답변서를 보면 그 집안의 흥망성쇠를 피력하는 경우가 많다. 다음 답변서의 내용은 변호사가 쓴 서면이니 내용을 꼭 꼼꼼히 읽어 독자 여러분들이 앞으로 준비서면이나 소장을 쓰는 데 도움이 되었으면 한다.

본 사건의 임야는 선산이고 사업 실패로 인해 선산을 잃을 것을 염려해 증여를 원인으로 지분으로 나누게 되었다. 이후 피고의 세금 체납이 장기화하면서 공매로 원고가 낙찰받은 것이다.

원고는 3,600만 원에 낙찰받았고, 원고로부터 피고가 임야를 1억 원에 매수하기를 제안받았음을 이야기하고 있고, 가격은 조정이 가능하니 가족과 의논해 알려달라는 취지의 얘기가 오갔음을 알 수가 있다.

만약 원만하게 합의가 이루어지지 않으면 공유물분할소송을 제기해 전체 임야를 경매에 부쳐 원고 몫의 배당금을 받거나, 원고가 유찰 가격이 낮아지면 선산을 싼값에 매수할 수 있음을 얘기했다고 피고가 주장하고 있다.

공유물분할은 현물분할이 원칙이고 분할로 인해 현저히 그 가액이 감손될 염려가 있을 때는 경매에 부쳐 그 배당금을 각자 받아가는 것이 대법원판례(2009다40219, 40226)의 태도임을 피력하고 있다.

결론적으로 피고들은 여러 정황을 고려해보건대, 현물분할 방식을 원함을 알 수가 있다.

공유물분할   제출 원본과 상위 없음

답 변 서

사 건   2019가   ) 공유물분할
원 고
피 고   외 1인
        소송대리인 변호사
                동산
        전화: FAX:
        E-mail

위 사건에 대하여 피고들의 소송대리인은 다음과 같이 답변합니다.

다 음

1. 원고 주장의 요지

원고는 '피고들과 경상남도   (이하 '이 사건 임야' 라 합니다)에 대한 공유물 분할 합의가 이루어지지 아니하고 공유자별로 소유 위치가 특정되지 않아 현물 분할이 불가하므로 위 임야를 경매하여 대금분할을 요청합니다.' 라는 취지로 주장합니다.

2. 이 사건의 경위

| 공유물분할 2 | 위 없음 |

가. 망 　는 1990. 6. 8. 창원지방법원 　기소 접수번호 　121호 '1989년 11월 25일 협의분할에 의한 재산상속'을 원인으로하여 이 사건 임야에 대한 소유권을 취득하였습니다. 이 사건 임야는 오래 전부터 피고들 집안의 선산이었습니다. 그런데 망 　는 1991년경 사업을 하고 있었습니다. 이에 삼촌인 　　은 망 　가 사업실패로 선산을 잃을 것을 걱정하였고, 망 이 　가 선산을 함부로 팔지 못하도록 선산의 지분을 나눴습니다. 구체적으로, 망 　는 1991. 12. 2. 창원지방법원 　기소 접수번호 제 　호 '1991. 11. 8.자 증여를 원인'으로 하여 소외 이부제, 피고 　　, 　　)에게 이 사건 임야의 각 1/3 소유지분을 증여하였습니다.

망 　는 2018년 사망을 하였고, 이에 장남인 피고 　 이 2019. 1. 29. 창원지방법원 　접수번호 　호 '2018년 12월 27일 협의분할에 의한 상속'을 원인으로 하여 이 사건 임야에 대한 망 　의 소유지분 1/3을 취득하였습니다.

나. 이 사건 임야의 또 다른 공유지인 C 　가 세금 체납을 하였기에 위 임야의 　지분 3분의 1에 대하여 압류가 이루어졌습니다. 2019년 초 이부재의 세금체납이 장기화되면서 결국 2019. 6. 24. 공매가 이루어졌고, 원고가 낙찰 받았습니다.

피고들은 원고로부터 공유 지분 해소에 대하여 의논을 하고 싶다는 2019. 6. 24.자 내용증명을 받고, 피고 이수인은 낙찰자인 　　식회사

- 2 -

제출 원본과 상위 없음

의 대표이사인 ○ 을 만났습니다. ○ ○ 자신은 부동산 업자라고 소개 하였습니다.[1] 김 ○ "이 사건 임야를 36,000,000원에 낙찰 받았다. 다시 위 임야를 되찾고 싶으면 100,000,000원을 달라. 금액은 회장님께 이야기해서 조정 가능하니 가족과 의논하고 알려 달라." 라고 이야기하였습니다. 이에 피고 이수인이 낙찰가와 비교하였을 때 가격배상금이 너무 크고 그만큼의 돈도 없다고 항의하자 ○ 은 "피고들과 원만한 합의가 되지 않는다면 법원에 공유물 분할 소송을 하여 이 사건 임야 전체를 경매에 올려 판매대금을 3등분하여 자신의 몫을 받겠다. 선산 전체가 경매에 올라오면 몇 번이고 유찰시켜 가격을 낮추어 선산을 싼값에 취득할 수 있는 방법이 있다." 라고 엄포를 놓았습니다.

3. 재판에 의하여 공유물을 분할할 경우, 현물분할이 원칙입니다.

가. 공유물 분할의 방법에 관하여 협의가 성립되지 아니한 때에는 공유자는 법원에 그 분할을 청구할 수 있습니다(민법 제 269조 제1항). 이 때 현물로 분할할 수 없거나 분할로 인하여 현저히 그 가액이 감손될 염려가 있는 때에는 법원은 물건의 경매를 명할 수 있다고 민법 제269조 제2항에서 규정하고 있으므로 공유물 분할은 현물분할을 원칙으로 합니다.

나. 대법원 판례

---

[1] ○ 은 자신은 물건을 찾고 실행하는 사람이며, 투자자는 따로 있고 그를 회장님이라고 부른다고 하셨습니다.

1) 재판에 의하여 공유물을 분할하는 경우, 현물분할이 원칙이나 대금분할을 명하기 위한 요건에 대하여 대법원은 『재판에 의하여 공유물을 분할하는 경우에 현물로 분할할 수 없거나 현물로 분할하게 되면 그 가액이 현저히 감손될 염려가 있는 때에는 물건의 경매를 명하여 대금분할을 할 수 있는 것이고, 여기에서 '현물로 분할할 수 없다'는 요건은 이를 물리적으로 엄격하게 해석할 것은 아니고, 공유물의 성질, 위치나 면적, 이용 상황, 분할 후의 사용가치 등에 비추어 보아 현물분할을 하는 것이 곤란하거나 부적당한 경우를 포함한다 할 것이고, '현물로 분할을 하게 되면 현저히 그 가액이 감손될 염려가 있는 경우'라는 것은 공유자의 한 사람이라도 현물분할에 의하여 단독으로 소유하게 될 부분의 가액이 분할 전의 소유지분 가액보다 현저하게 감손될 염려가 있는 경우도 포함하는 것이다. 재판에 의하여 공유물을 분할하는 경우에 법원은 현물로 분할하는 것이 원칙이므로, 불가피하게 대금분할을 할 수밖에 없는 요건에 관한 객관적·구체적인 심리 없이 단순히 공유자들 사이에 분할의 방법에 관하여 의사가 합치하고 있지 않다는 등의 주관적·추상적인 사정에 터잡아 함부로 대금분할을 명하는 것은 허용될 수 없다.』라고 판시하고 있습니다(대법원 2009. 9. 10. 선고 2009다40219,40226 판결).

또한 대법원은 『물론 여기에서 현물로 분할할 수 없다는 요건은 이를 물리적으로 엄격하게 해석할 것은 아니고 공유물의 성질, 위치나 면적, 이용 상황, 분할 후의 사용가치 등에 비추어 보아 현물분할을 하는 것이 곤란하거나 부적당한 경우를 포함한다 할 것이고, 현물로 분할을 하게 되면 현저히 그 가액이 감손될 염려가 있는 경우라는 것도 공유자의 한 사람이라도 현물

?물분할   본과 상위 없음

분할에 의하여 단독으로 소유하게 될 부분의 가액이 분할 전의 소유지분 가액보다 현저하게 감손될 염려가 있는 경우도 포함한다고 할 것이나, 그렇다고 하더라도 재판에 의한 공유물분할은 각 공유자의 지분에 따른 합리적인 분할을 할 수 있는 한 현물분할을 하는 것이 원칙이다. 그러므로 공유물분할의 소는 형성의 소이며, 법원은 공유물분할을 청구하는 원고가 구하는 방법에 구애받지 아니하고 자유로운 재량에 따라 합리적인 방법으로 공유물을 분할할 수 있는 것이므로, 원고가 바라는 방법에 따른 현물분할을 하는 것이 부적당하거나 이 방법에 따르면 그 가액이 현저히 감손될 염려가 있다고 하여 이를 이유로 막바로 대금분할을 명할 것은 아니고, 다른 방법에 의한 합리적인 현물분할이 가능하면 법원은 그 방법에 따른 현물분할을 명하는 것도 가능하다.」라고 판시하여 공유물에 대하여 현물분할이 원칙임을 공고히 하고 있습니다(대법원 1991. 11. 12. 선고 91다27228 판결).

2) 대법원은 공유물 분할의 방법으로 대금분할을 명한 원심 판결을 파기한 바 있습니다. 구체적인 판결 이유는 다음과 같습니다(대법원 1997. 9. 9. 선고 97다18219 판결).

> 원심은 이 사건 임야를 현물로 분할하는 것이 곤란하다는 중요한 사정으로 위 각 부동산의 위치나 면적 및 일부 부동산에 피고승계참가인 종회 소속 종원의 분묘가 설치되어 있는 점을 들고 있으나, 이 사건 부동산들은 모두 상당한 면적의 넓은 임야로서, 원심이 들고 있는 사정만으로는 이 사건 임야를 현물로 분할하는 것이 불가능하거나 현물분할로 인하여 그 가액이 현저히 감손될 염려가 있다고 단정하기는 어려운 것으로 보이고, <u>그 지상에 피고승계참가인 종회 소속 종원의 분묘가 있다면 이는 오히려 현물분할을 필요로 하는 하나의 사정이 될 수 있는 것이며</u>, 그 밖에 이 사건 임야의 위치나 가격의 차이가 위 판시와 같은 현물분할을 하는 데 현저한 장애가 된다고 보기도 어렵다.

공유물분할   원본과 상위 없음

다. ① 이 사건 임야는 피고들의 선산으로 조상들의 무덤이 대대로 모셔져 있습니다. ② 게다가 이 사건 임야는 3273㎡(990.0825평)으로 그 면적이 상당합니다. ③ 또한 그 주변은 묘지와 임야(산5묘, 산3-1임 등)로 둘러싸여 있어 분할하더라도 위 임야의 부분별로 그 이용도의 현저한 차이가 있다고 볼 수 없습니다. 따라서 이 사건 임야를 현물로 분할하는 것이 불가능하거나 현물분할로 인하여 그 가액이 현저히 감소될 염려가 있다고 단정 짓기 어렵습니다.

4. 결론

위와 같은 사정을 고려하면, 이 사건 임야에 대한 공유물 분할은 현물분할 방식으로 이루어지는 것이 적합하다 할 것입니다.

2019. 8. .
피고들의 소송대리인
변호사

○○법원 귀중

피고가 원고에게 보내온 다양한 답변서의 내용을 살펴보며, 간접적으로나마 원고가 소를 제기하면 피고들이 어떤 내용으로 답변할지 간접적으로나마 살펴볼 수 있도록 세 번째 상대 변호사로부터 올라온 답변서를 공부해보자.

일단 원고의 주장이 공유물분할에 관한 합의가 이루어지지 않고 소유 위치도 특정되지 않아 현물분할도 힘드니 경매에 부쳐 매각대금을 지분비율대로 나누자는 취지의 소를 제기했음을 피고 변호사가 주장하고 있다.

피고 측의 주장은 지분경매로 나온 토지는 문중 땅으로 원고가 취득했으나 대법원 선고 2004다30583 판결을 들어 협의가 이루어지지 않으면 법원은 현물분할을 원칙으로 하고, 현물로 분할이 불가하면 변호사 양측의 의견으로 경매에 부쳐 대금분할할 수 있는 요건을 주장하고 있다. 그리고 피고는 '가액배상'을 주장하며 그 근거로 대법원 1993. 12. 7. 선고 93다27819 판례를 들고 있다.

가. 공유물분할 방법

재판에 의해 공유물을 분할하는 경우에는 법원은 현물로 분할하는 것이 원칙이고, 현물로 분할할 수 없거나 현물로 분할하게 되면 현저히 그 가액이 감손될 염려가 있는 때에 비로소 물건의 경매를 명해 대금분할을 할 수 있는 것이므로, 위와 같은 사정이 없는 한 법원은 각 공유자의 지분비율에 따라 공유물을 현물 그대로 수 개의 물건으로 분할하고 분할된 물건에 대해 각 공유자의 단독소유권을 인정하는 판결을 해야 하고, 그 분할의 방법은 당사자가 구하는 방법에 구애받지 아니하고 법원의 재량에 따라 공유관계나 그 객체인 물건의 제반 상황에 따라 공유자의 지분비율에 따른 합리적인 분할을 하면 되는 것이고, 여기에서 공유지분비율에 따른다 함은 지분에 따른 가액비율에 따름을 의미한다.

나. 토지의 현물분할 방법

토지를 분할하는 경우에는 원칙적으로는 각 공유자가 취득하는 토지의 면적이 그 공유지분의 비율과 같아야 할 것이나, 반드시 그렇게 하지 않으면 안 되는 것은 아니고, 토지의 형상이나 위치, 그 이용 상황이나 경제적 가치가 균등하지 않을 때는 이와 같은 제반 사정을 고려해 경제적 가치가 지분비율에 상응되도록 분할하는 것도 허용된다.

다. 금전으로 경제적 가치의 과부족을 조정하는 분할 방법과 일부 공유자는 공유로 남는 분할 방법의 가부

일정한 요건이 갖추어진 경우에는 공유자 상호 간에 금전으로 경제적 가치의 과부족을 조정하게 해서 분할하는 것도 현물분할의 한 방법으로 허용되고, 여러 사람이 공유하는 물건을 현물분할하는 경우에는 분할을 원하지 않는 나머지 공유자는 공유로 남는 방법도 허용된다. 그러면서 상대방 피고가 대금을 지불할 능력이 있어 원고가 주장하는 대금분할보다는 '가격배상'에 의한 분할 방법을 제시하고 있다.

공유물분할은 특약이나 법률상 제한이 없는 한, 분할을 원하는 공유자가 언제든 청구할 수 있는 것이 원칙이고 판사의 재량권이 넓은 재판이기에 이 같은 주장도 가능한 분할의 방법이다.

여기서 피고측은 그 적정한 가격은 원고가 경매로 취득한 사건의 '감정평가서'의 가격을 제시하고 있다. 그리고 그 '감정평가서'는 '문서송부촉탁' 명령에 의해서 받아 가격을 특정하자고 주장한다.

공유지분은 공동소유의 한 형태로서, 물건에 대한 1개의 소유권이 분량적으로 분할되어 여러 사람에게 속하는 것을 말한다. 특히 부동산의 경우에는 상속이나 증여, 공동 투자 등 다양한 이유로 다수의 사람이 공동으로 소유하고 있는 경우가 많다.

공유물분할은 민법에서 5년 내의 기간으로 분할하지 아니할 것을 약정한 경우가 아닌 한, 공유자는 공유물분할을 청구할 수 있도록 규정하고(민법 제268조 제1항) 있고, 대법원도 '특별한 사정이 없으면 각 공유자는 공유물분할을 청구해 기존의 공유관계를 폐지하고 각 공유자 간에 공유물을 분배하는 법률관계를 실현하는 일방적인 권리(공유물분할의 자유)를 갖는다'라며 공유물분할을 청구할 수 있음을 판시하고 있다(대법원판례 91다27228).

공유물분할은 공유자 간 협의에 의해 분할하는 것이 원칙으로, 이 경우 공유자 전원이 참여해 분할해야 한다.

분할의 방법은 각 지분에 따른 '현물분할'과 대가를 지급하는 형태의 '가격분할', 매각해 대금을 나누어 갖는 형태의 분할 등 자유롭게 협의 결정할 수 있다.

그러나 구체적인 분할의 방법에 관한 협의가 이루어지지 않는다면, 법원에 공유물분할을 청구할 수 있다(민법 제268조 제1항). 이 경우에는 반드시 공유자 전원 모두를 '공동피고'로 해 공유물분할을 청구해야 하며, 이를 법률용어로 '필수적 공동소송'이라고 한다.

공유물분할은 각 공유자가 공유물 자체를 나누어 갖는 일명 '현물분할'이 원칙이지만, 현물로 분할할 수 없거나 분할로 인해 현저히 그 가액이 줄어들 염려가 있는 경우에는 물건의 경매를 명해 일명 '대금분할'을 할 수 있다(민법 제269조 제2항).

만약 토지의 성질, 위치나 면적, 이용 상황, 분할 후의 사용가치 등에 비추어 보아 현물분할을 하는 것이 곤란하거나 부적당하다고 판단되거나, 현물로 분할하게 되면 현저히 그 가액이 감손될 염려가 있다고 판단되는 경우라면 경매에 부쳐 경매 대금을 나누어주는 대금분할을 하게 될 가능성도 있다(대법원판례 2002다4580).

공유물분할의 소는 원고가 구하는 방법에 구애받지 않고 재량에 따라 합리적인 방법으로 분할을 명할 수 있는 일명 '형식적 형성의 소'이므로, 법원은 분할 방법에 구속되지 않고 가장 공정하다고 판단되는 방식으로 분할의 방법을 정할 수 있다.

이에 분할청구자 지분 한도 안에서 현물분할을 하고, 분할을 원하지 않는 나머지 공유자는 공유로 남게 하는 형태의 공유물분할도 허용되는 경우도 있어(대법원판례 2009다79811), 토지에 대해 일부 지분권자의 한도 안에서 현물분할을 하고 나머지는 계속 공유로 남게 하는 방법도 가능하다.

[가격 배상]

공유관계의 발생 원인과 공유지분의 비율 및 분할된 경우의 경제적 가치, 분할 방법에 관한 공유자의 희망 등의 사정을 종합적으로 고려해 당해 공유물을 피고에게 취득시키는 것이 상당하다고 인정되고, 다른 공유자에게는 그 지분의 가격을 취득시키는 것이 공유자 간의 실질적인 공평을 해치지 않는다고 인정되는 특별한 사정이 있을 때는, 피고의 단독소유로 하되, 피고로 하여금 다른 공유자에게 그 지분에 해당하는 적정하고도 합리적인 가격을 배상시키는 방법에 의한 분할도 현물분할의 하나로 허용(대법원판례 2004다30593)될 수 있다.

이처럼 공유물분할은 특약이나 법률상 제한이 없는 한, 분할을 원하는 공유자가 언제든 청구할 수 있는 것이 원칙이고, 협의에 의한 분할도 가능하다.

그러나 협의가 이루어지지 않아 법원에 공유물분할을 청구하는 경우에는 원고가 원하는 방식의 공유물분할이 이루어지지 않을 가능성도 있으니 많은 공부가 필요한 대목이다.

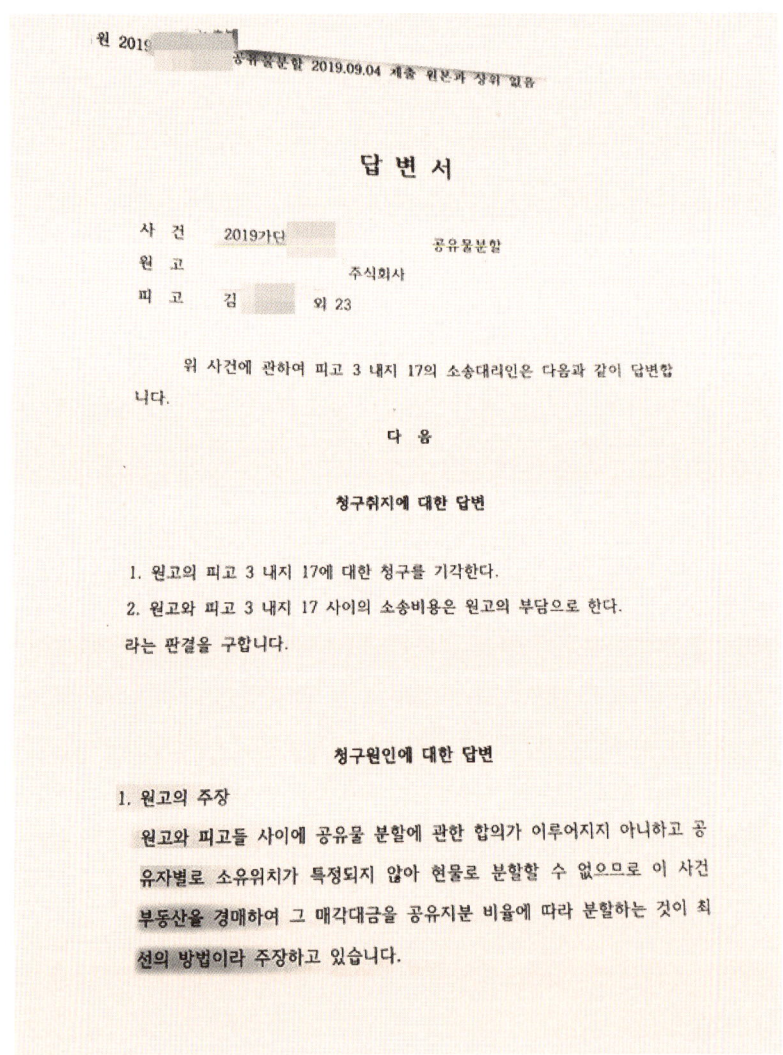

2. 이에 대한 반박

　가. 이 사건 부동산은 　　　　　　　　　 의 소유로서 문중원 6명의 명의로 등기가 　　　　, 그 임야 내에 산대문중 분묘가 77기가 조성되어 있는 상태이며, 그 중 소외 김창원의 지분 6분의 1이 강제경매 당하여 피고가 이를 취득한 후 이 건 소에 이르고 있습니다.

　나. 대법원 2004. 10. 14. 선고 2004다 30583 판결

　　공유물의 분할은 공유자 간에 협의가 이루어지는 경우에는 그 방법을 임의로 선택할 수 있으나 협의가 이루어지지 아니하여 재판에 의하여 공유물을 분할하는 경우에는 법원은 현물로 분할하는 것이 원칙이고, 현물로 분할할 수 없거나 현물로 분할을 하게 되면 현저히 그 가액이 감손될 염려가 있는 때에 비로소 물건의 경매를 명하여 대금분할을 할 수 있는 것이다. <ins>그리고 공유물분할의 소는 형성의 소로서 공유자 상호간의 지분의 교환 또는 매매를 통하여 공유의 객체를 단독 소유권의 대상으로 하여 그 객체에 대한 공유관계를 해소하는 것을 말하므로, 법원은 공유물분할을 청구하는 자가 구하는 방법에 구애받지 아니하고 자유로운 재량에 따라 공유관계나 그 객체인 물건의 제반 상황에 따라 공유자의 지분 비율에 따른 합리적인 분할을 하면 되는 것이다</ins>(대법원 1993. 12. 7. 선고 93다27819 판결, 1997. 9. 9. 선고 97다18219 판결 등 참조). 따라서 여러 사람이 공유하는 물건을 분할하는 경우에는 원칙적으로 각 공유자가 취득하는 토지의 면적이 그 공유지분의 비율과 같도록 하여야 할 것이나, 반드시 그런 방법으로만 분할하여야 하는 것은 아니고, 분할 대상이 된 공유물의 형상이나 위치, 그 이용 상황이나 경제적 가치가 균등하지 아니할 때에는 이와 같은 제반 사정을 고려하여 경제

○까지하면 2019.09.04 새음 원본과 상위 없음

적 가치가 지분 비율에 상응하도록 분할하는 것도 허용되어 일정한 요건이 갖추어진 경우에는 공유자 상호간에 금전으로 경제적 가치의 과부족을 조정하게 하여 분할을 하는 것도 현물분할의 한 방법으로 허용되고, 나아가 공유관계의 발생원인과 공유지분의 비율 및 분할된 경우 경제적 가치, 분할 방법에 의한 공유자의 희망 등의 사정을 종합적으로 고려하여 당해 공유물을 특정한 자에게 취득시키는 것이 상당하다고 인정되고, 다른 공유자에게는 그 지분의 가격을 취득시키는 것이 공유자 간의 시질적인 공평을 해치지 않는다고 인정되는 특별한 사정이 있는 때에는 공유물을 공유자 중 1인의 단독소유 또는 수인의 공유로 하되 현물을 소유하게 되는 공유자로 하여금 다른 공유자에 대하여 그 지분의 적정하고도 합리적인 가격을 배상시키는 방법에 의한 분할도 현물분할의 하나로 허용된다고 할 것이다. 만일 그런 방법이 허용되지 않는다고 한다면 특히 구분건물의 대상이 되지 않는 건물의 공유자가 분할을 원하는 경우에는 그 지분이 적정하고 합리적으로 평가되고, 상대방 공유자가 그 대금을 지불할 능력이 있어 대금분할보다는 가격배상에 의한 분할방법이 더 공평한 방법이 될 수 있는 때에도 항상 경매에 의한 대금분할을 명하여야 하는 불합리한 점을 극복할 수 없게 된다.

다. 이 사건의 경우 위 대법원 판례와 동일하게 처리되어야 마땅할 것인바, 6분의 5지분을 사실상 소유하고 있는 위 문중에서 원고에게 적정한 가격배상을 할 예정이고, 그 적정된 가격은 2019. 5. 31. 원고가 소유권을 취득한   원 2018타?   부동산강제경매 사건에서 명가된 감정서 기재의 가격에 의하여 결정하면 족한 것으로 봄이 상당하고, 인증문서송부촉탁에 의하여 그 금액을 특정하도록 하겠습니다.

3. 결론

이상의 이유로 원고의 이 건 청구는 이유 없으므로 기각되어야 마땅합니다.

2019. 9. 4.
피고 3 내지 17의 소송대리인
변호사

지방법원   지원 귀중

다음 네 번째 답변서는 피고 2명이 친형제 관계에 있는 물건이다.

어머니의 사망으로 상속에 의해서 소유하다 공매로 인해 피고 1명이 소유권을 원고에게 잃고 공유물분할소송에 이르렀음을 주장하고 있다.

원고는 본 건을 경매에 부쳐 각 지분비율대로 배당을 받게 해달라고 소송을 제기했고, 피고들은 본건 부동산을 처분할 의사가 전혀 없음을 강조하고 있다.

이 건처럼 피고들이 매입할 의사가 있음을 답변서에 주장하면, 판사는 조정기일을 잡아 양자 간에 합의를 보도록 소송을 진행하는 경우가 많다. 이때 조정실에서는 그동안 공부한 협상의 기술들이 진가를 발휘할 수 있고, 협상은 소송의 기술 못지않게 중요한 부분을 차지할 것이다.

답 변 서

사 건 2019가단   공유물분할
원 고
피고 1
피고 2 박

공유물분할 청구의 소

위 사건에 대하여 피고들은 다음과 같이 이 소장 청구에 대하여 답변 합니다.

다 음

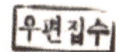

1. 피고1과 피고2는 친형제들입니다.

이 건 부동산의 전 소유주   는 피고들의 친어머니였으며, 사망으로 인하여 상속 절차에 따라 3형제가 공동으로 상속을 받아 관리하다가 2019. 8. 26. 공매 절차에 따라 공매 진행중 피고들이   공매에 개입하여 권리를 받고자 하였으나 실기하고 말았습니다.

2. 원고는 이 건 부동산을 경매에 부쳐 3분의1 지분으로 원고와 피고1, 피고2 등에 배당하여 달라고 신청하였습니다. 그런데 피고들은 이 건 부동산을 처분하고자 하는 의사가 전혀 없으며, 이건 공유물 문제에 대하여도 응하고자 하는 생각이 전혀 없습니다.

3.   들은 이 건 원고의 지분에 대하여 공매따에 인수한 업   이루어 진다면 이 건 부동산을 매입할 의사가 있습

원고가 소장을 제출하면 피고가 소장에 답하는 것이 '답변서'다. 그 이후 원고 및 피고가 재판부에 보내는 서류 모두를 '준비서면'이라고 부른다.

다음은 원고가 피고의 답변서에 '준비서면'을 보냈더니, 피고의 소송대리인인 변호사가 원고 준비서면에 응하는 피고의 준비서면이다.

피고는 현물분할할 의사가 있다고 한다. 이와 같은 때는 재판부에서 분할을 원하는 위치를 특정해 분할도면을 그려서 제출하도록 요구한다. 바로 이 분할도면을 중심으로 서로 좋은 위치를 차지하려고 자신의 주장을 펼치기에 설득력 있는 준비서면을 준비해서 제출해야 한다.

이때 대법원판례 중 공유물분할 부분에 관한 내용을 '대법원판례' 사이트를 통해서 검색해 공부해서 참고하기 바란다.

준 비 서 면

사 건 2019가단1   공유물분할
원 고
피 고 이 수 인 외 1인

위 사건에 대하여 피고들의 소송대리인은 다음과 같이 변론을 준비합니다.

다 음

1. 피고들의 소송대리인은 경상남도   3(이하 '이 사건 임야' 라 합니다)의 현물분할과 관련하여, 의견을 개진하고자 합니다.

2. 현물분할 방법

가. 피고들은 원고가 제안한 분할 방법과 관련하여, **(분할의 전제조건)후술하는 문제가 원만히 합의된다면,** 원고가 요구한 대로, 피고들은 이 사건 임야 3,273㎡ 중 ① 별지 도면 표시 1, 2, 3, 4, 16, 17, 18, 19, 1의 각 점을 순차로 연결한 선내 (ㄱ)부분 2,182㎡는 피고들의 소유로, ② 같은 도면 표시 4, 5, 6, 7, 8, 9, 10, 11, 12, 13, 14, 15, 16, 4의 각 점을 순차로 연결한 선내 (ㄴ)부분 1,091㎡는 원고의 소유로 각 분할할 의사가 있습니다.

다음은 원고가 피고의 답변서에 '준비서면'을 보냈더니, 피고의 소송대리인인 변호사가 원고의 준비서면에 응하는 피고의 준비서면이다.

민법 제268조에 의하면 공유자들이 5년간의 기간으로 분할하지 아니할 것을 약정하지 않은 이상, 공유자는 다른 공유자에게 공유물의 분할을 청구할 권리를 가진다.

또한, 공유물의 분할 방법과 관련, 민법 제269조에는 우선적으로 공유자 사이에 협의에 의해 정하도록 하고 협의가 성립되지 않은 경우에는 분할을 원하는 공유자가 법원에 공유물의 분할을 청구할 수 있도록 규정하고 있다.

재판에 의해 공유물을 분할하는 경우에는 현물로 분할하는 것이 원칙이고, 현물로 분할할 수 없거나 현물로 분할하게 되면 현저히 그 가액이 감손될 염려가 있는 때에는 법원이 물건의 경매를 명해 가액으로 분할할 수 있다.

현물분할이 곤란하거나 물건의 경매가 부적당할 경우에는 법원이 공유자 사이의 형평성을 고려해 특정한 공유자가 공유로 남되 현물을 소유하게 된 자가 나머지 공유자에게 지분의 경제적 가치에 상응하는 가액으로 정산하도록 명할 수 있다(대법원 1993. 12. 7. 선고 93다27819 판결).

공유물을 현물로 분할하는 경우, 공유물은 각 공유자의 지분비율에 따라 법원이 정하는 적당한 방법으로 분할되고 분할된 물건에 대해 각 공유자가 단독소유권을 가지게 된다.

그런데 현물을 분할하는 구체적인 방법은 당사자가 청구하는 방법에 법원이 구애받지 않고 공유관계, 공유물의 제반 상황, 공유자 사이의 형평성 등을 종합적으로 고려해 법원이 재량적으로 정하게 된다. 이때 필요한 경우, 법원은 전문가의 감정을 참작하기도 한다.

공유물분할의 대상이 토지인 경우에는 각 공유자가 취득하는 토지의 면적이 각자의 공유지분의 비율과 비례하는 것이 원칙이라고 할 수 있으나, 반드시 공유지분의 비율과 토지의 면적이 비례해야 하는 것은 아니고, 공유자들 사이의 관계, 형평성, 토지의 형상, 위치, 이용 상황 및 경제적 가치 등을 참작해 각 공유자가 취득하게 되는 토지의 경제적 가치가 지분비율에 상응하도록 분할할 수도 있다.

현물로 분할할 수 없거나 현물로 분할하게 되면 현저히 그 가액이 감손(減損)될 염려가 있는 때에 공유물을 경매해 가액으로 분할할 수 있다고 했는데, 여기서 '현물분할로 인해 현저히 가격이 감손된다'라는 것은 공유물 전체의 교환가치가 현물분할로 인해 현저하게 감손되는 경우뿐만 아니라, 공유자들에게 공정한 분할이 이루어지지 않아 그중의 한 사람이라도 현물분할에 의해 단독으로 소유하게 될 부분의 가액이 공유물분할 전의 공유지분가액보다 현저하게 감손될 경우도 포함된다고 할 수 있다(대법원 1993. 1. 19. 선고 92다30603 판결, 2001. 3. 9. 선고 98다51169 판결).

피고 변호사가 인용한 대법원 1993. 1. 19. 선고 92다30603 판결을 살펴보자.

"공유물을 대금분할하기 위한 요건인 '현물분할로 인해 현저히 가격이 감손된다'고 함의 의미와 형식적으로는 현물분할이 가능하다 하더라도 대금분할의 방법으로 공유물분할을 해야 할 경우"

"재판에 의한 공유물분할은 현물분할의 방법에 의함이 원칙이나, 현물분할이 불가능하거나 그것이 형식상 가능하다고 하더라도 그로 인해 현저히 가격이 감손될 염려가 있을 때는 공유물의 경매를 명해 대금을 분할하는 이른바 대금분할의 방법에 의해야 할 것인바, 여기서 '현물분할로 인해 현저히 가격이 감손된다'라고 함은 공유물 전체의 교환가치가 현물분할로 인해 현저하게 감손될 경우뿐만 아니라 공유자들에게 공정한 분할이 이루어지지 않아 그중의 한 사람이라도 현물분할에 의해 단독으로 소유하게 될 부분의 가액이 공유물분할 전의 소유지분가액보다 현저하게 감손될 경우도 이에 포함된다고 할 것이므로, 비록 형식적으로는 현물분할이 가능하다고 하더라도 공유물의 위치, 면적과 주변 도로 상황, 사용가치, 가격, 공유자의 소유지분비율 및 사용수익의 현황 등을 종합해볼 때 각 공유자의 소유지분비율에 따른 공평한 분할이 이루어질 수 없는 경우에는 현물분할 방법에 의할 것이 아니라 대금분할의 방법으로 공유물을 분할해야 한다"라는 판례를 인용해 자신들의 요구를 들어줄 것을 재판부에 주장하고 있다.

준 비 서 면

사　　건　　2019가단1　　　　공유물분할
원　　고
피　　고　　이 수 인 외 1인

위 사건에 대하여 피고들의 소송대리인은 다음과 같이 변론을 준비합니다.

다　음

1. 피고들의 소송대리인은 경상남도　　　　　　　　3(이하 '이 사건 임야' 라 합니다)의 현물분할과 관련하여, 의견을 개진하고자 합니다.

2. 현물분할 방법

가. 피고들은 원고가 제안한 분할 방법과 관련하여, **(분할의 전제조건)후술하는 문제가 원만히 합의된다면,** 원고가 요구한 대로, 피고들은 이 사건 임야 3,273㎡ 중 ① 별지 도면 표시 1, 2, 3, 4, 16, 17, 18, 19, 1의 각 점을 순차로 연결한 선내 (ㄱ)부분 2,182㎡는 피고들의 소유로, ② 같은 도면 표시 4, 5, 6, 7, 8, 9, 10, 11, 12, 13, 14, 15, 16, 4의 각 점을 순차로 연결한 선내 (ㄴ)부분 1,091㎡는 원고의 소유로 각 분할할 의사가 있습니다.

분할 2019.11.07 제출 원본과 상위 없음

사료됩니다.

2019.

피고들의 소송대리인
변호사

지방법원 귀중

첨부: 대법원판례 2건.

1. 대법원 1993. 1. 19. 선고 92다30603 판결 [공유물분할]

【판시사항】
가. 공유물을 대금분할하기 위한 요건인 "현물분할로 인하여 현저히 가격이 감손된다"고 함의 의미와 형식적으로는 현물분할이 가능하다 하더라도 대금분할의 방법으로 공유물분할을 하여야 할 경우

【판결요지】
가. 재판에 의한 공유물분할은 현물분할의 방법에 의함이 원칙이나 현물분할이 불가능하거나 그것이 형식상 가능하다고 하더라도 그로 인하여 현저히 가격이 감손될 염려가 있을 때에는 공유물의 경매를 명하여 대금을 분할하는 이른바 대금분할의 방법에 의하여야 할 것인바, 여기서 "현물분할로 인하여 현저히 가격이 감손된다"고 함은 공유물 전체의 교환가치가 현물분할로 인하여 현저하게 감손될 경우뿐만 아니라 공유자들에게 공정한 분할이 이루어지지 아니하여 그중의 한 사람이라도 현물분할에 의하여 단독으로 소유하게 될 부분의 가액이 공유물분할 전의 소유지분가액보다 현저하게 감손될 경우도 이에 포함된다고 할 것이므로, 비록 형식적으로는 현물분할이 가능하다고 하더라도 공유물의 위치, 면적과 주변도로상황, 사용가치, 가격, 공유자의 소유지분비율 및 사용수익의 현황 등을 종합하여 볼 때 각 공유자의 소유지분비율에 따른 공평한 분할이 이루어질 수 없는 경우에는 현물분할방법에 의할 것이 아니라 대금분할의 방법으로 공유물을 분할하여야 한다.

2. 대법원 2002. 4. 12. 선고 2002다4580 판결 [공유물분할]

【판시사항】
[1] 공유물분할의 현물분할원칙 및 대금분할의 요건인 '현물로 분할할 수 없거나 현물로 분할하게 되면 현저히 그 가액이 감손될 염려가 있는 때'의 의미

【판결요지】
[1] 재판에 의한 공유물분할은 각 공유자의 지분에 따른 합리적인 분할을 할 수 있는 한 현물분할을 하는 것이 원칙이나, 대금분할에 있어 '현물로 분할할 수 없다.'는 요건은 이를 물리적으로 엄격하게 해석할 것은 아니고, 공유물의 성질, 위치나 면적, 이용상황, 분할 후의 사용가치 등에 비추어 보아 현물분할을 하는 것이 곤란하거나 부적당한 경우를 포함한다 할 것이고, '현물로 분할을 하게 되면 현저히 그 가액이 감손될 염려가 있는 경우'라는 것도 공유자의 한 사람이라도 현물분할에 의하여 단독으로 소유하게 될 부분의 가액이 분할 전의 소유지분 가액보다 현저하게 감손될 염려가 있는 경우도 포함한다. 끝.

피고 변호사의 주장에 반박하는 원고의 준비서면이다.

원고는 소장에서부터 계속적으로 현물분할을 원하고 있는바 자신의 주장을 피력하고 있다. 피고들이 원하는 부분의 지형(현황 사진)은 논과 접해 있어서 평지가 아니다.
추후 원고가 주변 토지를 매입해 건축하게 될 경우, 많은 비용이 추가로 소요될 뿐만 아니라, 토지 상호 간에 높낮이의 차이가 생기게 되어 그 가격이 감소될 것이라고 주장한다.

따라서 현물분할이 이루어질 경우, 공유자 중 일방이 입는 피해가 막대하다든지 공유자 간의 얻는 이익이 불균형이 생긴다든지(대법원 1933. 1. 19. 선고 92다30603 판결)의 사유가 있으면 공유자 간의 공평을 위해 대금분할이 명해질 수 있다고 규정하고 있다고 주장한다.

피고들이 원고가 원하는 부분의 2/10 토지를 분할해준다면 원고도 현물분할을 원하지만, 그렇지 않다면 지분권자 모두에게 공평하게 배분될 수 있도록 대금분할판결을 해달라고 판사를 설득시키고 있다.

어차피 재판은 원고 피고 상호 간에 판사를 설득시키는 작업을 하는 것이다. 이것도 저것도 협의가 되지 않으면 경매에 의한 대금분할을 원하지만, 피고들의 답변서에 화해·조정을 희망하고 있어 원고 또한 조정을 구한다고 조정을 제시했다.

준 비 서 면

사 건 2019가단 **** 공유물분할청구 소
원 고 조**
피 고 최** 외 4명

위 사건에 관해 원고는 다음과 같이 변론을 준비합니다.

다 음

1. 원고가 원하는 현물분할의 방법

가. 피고들이 원하는 부분의 지형(현황 사진)은 논과 접해 있어서 평지가 아닙니다. 추후 주변 토지를 매입해 건축하게 될 경우 많은 비용이 추가로 소요될 뿐만 아니라, 토지 상호 간에 간격의 차이가 생기게 되어 그 가격이 감소할 염려가 있다 할 것입니다.

나. 따라서 현물분할이 이루어질 경우 공유자 중 일방이 입는 피해가 막대하다든지, 공유자 간의 얻는 이익이 불균형이 생긴다든지(대법원 1933. 1. 19. 선고 92다30603 판결)의 사유가 있으면 공유자 간의 공평을 위해 대금분할이 명해질 수 있다고 규정하고 있는바, 피고들이 원고가 원하는 부분의 2/10 토지를 분할해준다면 원고도 현물분할을 원하지만 그렇지 않다면 지분권자 모두에게 공평하게 배분될 수 있도록 대금분할판결을 해주시기 바랍니다.

2. 결론

이상과 같이 피고들이 제시하는 안은 피고들에게만 일방적으로 이익이 편중되는 분할안이므로, 원고가 주장하는 분할안을 채택하거나 이것이 어려울 경우 경매에 의한 대금분할을 명해주시기 바랍니다. 다만, 피고들의 답변서에 화해·조정을 희망하고 있는바, 원고 또한 조정을 구합니다.

첨 부 서 류

1. 현황사진

2019. 11. 3.

원 고 조＊＊

○○지방법원 ○○지원 귀중

그 이후 원고는 피고의 답변서에 대해 준비서면을 제출해 재판에 대비했다.

다음은 전자소송 진행사항 중 제일 먼저 원고가 '소장'을 법원에 제출하고 이후에 그 소장에 피고가 답하는 것이 '답변서'이고 그다음부터는 원고측과 피고측 모두 제출하는 서류는 '준비서면'임을 나타내는 소송 진행사항의 전자소송 화면의 일부다.

기준일자	문건명	진행
2019.07.04	소장	
2019.07.04	소장_첨부	
2019.07.04	소장_서증	
2019.07.29	답변서	
2019.07.29	답변서_첨부	
2019.07.29	기일지정신청서	무
2019.07.29	기일지정신청서_첨부	
2019.08.14	준비서면	

원고가 감정가 대비 4배의 금액을 피고에게 제시한 이유를 적어서 재판부에 제출했다. 그 이후 피고가 조정기일을 잡아달라고 재판부에 요청한 바가 있어 재판부에서는 조정기일을 잡아 원고, 피고를 모두 301호 조정실로 부르는 '조정기일 통지서'를 발송했다.

조정기일이 잡혀 조정에 갔으나 원고, 피고 간 그 금액 차이가 너무 커서 협의에 이르지 못했다.

준비서면

사건 :
원고 :
피고 :

위 사건에 관해 원고는 다음과 같이 변론을 준비합니다.

다음

1. 피고 ○○○의 원고의 과다한 매매금액 제시로 협의가 되지 않았다는 주장
원고는 피고와 대면 협의 시 공유지분해소 방법과 원고회사의 매매기준을 설명하고 피고 ○○○에게 타공유자와 의논해 연락해주기로 했으나, 이후 묵묵부답으로 일관해 이건 소송에 이르게 되었습니다.

2. 원고는 피고에게 협의 시 원고법인의 부동산 매각 기준을 다음과 같이 설명했습니다.
    1) 원고의 회사는 투자자가 있어 이윤을 배분해야 합니다.
    2) 부동산 매입을 위해 전국을 다니며 물건을 산정하므로 운영경비가 발생하고,
    3) 사업의 영속성을 위해 이윤 극대화가 되어야 하며,
    4) 전국 경매 물건을 조사해 제가 낙찰 시는 회사의 이윤 추가 부분이라 설명하고 감정가 대비 4배 정도의 금액으로 매각의사가 있다고 했습니다.

2019. 08. 13

○○○지원 ○○○ 단독 귀중

공유물분할은 협의분할을 원칙으로 하고, 공유자 사이에 협의가 성립되지 않을 때는 재판상 분할을 청구할 수 있다(민법 제269조 제1항, 대법원 2010. 2. 25. 선고 2009다79811 판결).

또한, 공유자 사이에 이미 분할에 관한 협의가 성립된 경우에는 일부 공유자가 분할에 따른 이전등기에 협조하지 않거나 분할에 대해 다툼이 있더라도 그 분할된 부분에 대한 소유권이전등기를 청구하든가 소유권확인을 구함은 다른 문제지만, 또다시 소로써 그 분할을 청구하거나 이미 제기한 공유물분할의 소를 유지함은 허용되지 않는다고 할 것이다(대법원 1995. 1. 12. 선고 94다30348, 30355 판결).

공유자 사이에 이미 분할에 관한 협의가 성립된 것으로 인정된다면, 공유물분할청구의 소를 제기하면 적법하지 않게 되고, 분할 협의의 내용에 따른 소유권이전등기청구나 소유권확인청구를 해야 할 것이다. 만일 공유물분할에 관한 구체적인 협의가 성립된 것으로 볼 수 없다면 공유물분할청구의 소 제기는 적법하게 되고, 공유물분할에 관한 법원의 판단을 받아야 할 것이다.

법원이 공유물을 분할함에 있어서는 현물분할을 하는 것이 원칙이고, 현물로 분할할 수 없거나 분할로 인해 그 가격이 현저히 감소될 염려가 있으면, 공유물을 경매해 그 대금을 분할해야 한다(민법 제269조 제2항, 대법원 1993. 1. 19. 선고 92다30603판결).

법원에 의한 공유물분할은 통상적으로 토지 현황에 대한 현장 검증을 거치고 토지에 관한 측량 및 시가 감정 등을 통해 최종적으로 토지의 경계를 확정함으로써 공유물을 분할하게 된다.

다만 공유물분할의 소는 이른바 형식적 형성의 소로서, 재판에 의해 공유물을 분할할 경우 그 분할의 방법은 당사자가 구하는 방법에 구애받지 아니하고 법원의 재량에 따르게 되므로, 원고 및 피고가 원하지 않는 방향으로 진행될 수 있음을 충분히 알고 처음 입찰 단계부터 지분경매 물건을 잘 선택해야 한다.

검증할 목적
상기 소재 토지를 공유하고 있는 원고와 피고 간 공유물분할청구에 따라 각자가 분할 받을 면적을 산출하고 그 위치를 특정하기 위함

감정할 목적
위 토지에 대해 위 피고가 분할받을 부분을 귀원이 지정하는 측량사로 하여금 측량 감정하게 하기 위함(위 피고로서는 현재 점유 부분인 별지 도면상의 1, 2, 3, 4, 1의 각점을 순차 연결한 선내 ① 부분을 포함한 부근 토지를 분할받기를 원하며, 그것이 어렵다면 위 ① 부분은 그대로 유지하고, 위 피고의 지분에서 위 ①부분의 면적을 공제한 나머지는 위 도면상의 가, 나, 다, 라, 가의 각 점을 순차 연결할 선내 ② 부분으로 분할받기를 원함).

검증 신청
'검증'은 법관이 직접적으로 사물의 성상, 현상을 검사해 그 결과를 증거자료로 하는 증거조사를 말한다. 보통 토지, 건물의 현황, 가옥의 상황 등을 재판부가 직접 현장에 나가 오관에 의해 확인하는 작업이다.

공유물분할소송의 현장 같은 경우는 사진만으로도 어느 정도 이해를 할 수가 있어 검증을 신청했어도 직접 판사가 현장을 나가는 경우는 드물다. 신청서에는 검증하고자 하는 분할할 토지의 분할할 부분을 특정하고 검증 목적을 자세히 적어야 한다.

현장 검증의 경우, 검증기일이 잡히면 소송당사자에게 검증기일 통지와 현장 출석을 명하게 되는데, 이때 검증에 앞서 미리 현장 상황을 파악하고, 현장 상황을 일목요연하게 알 수 있는 도면 등을 준비하며, 재판부에 설명하거나 주장할 사항을 미리 정리해 반드시 출석해야 한다.

감정 신청
'감정'은 특별한 학식, 경험을 가진 전문가의 판단을 참고해, 법관의 판단능력을 보충하는 증거조사를 말한다.

지적도상 토지의 위치 및 면적을 감정평가사에 의뢰하거나, 측량하는 지적공사에 의뢰하는 것, 그리고 노동능력 상실 정도를 법원이 지정하는 병원에서 전문의가 측정하는 것, 필적 또는 인영의 동일성, 토지 또는 가옥의 시가 등이 이에 해당한다.

신청할 때는 법무사의 신청서를 참고해 제출한다. 소송 절차에서 검증만 따로 신청하는 경우는 드물고 검증과 감정이 같이 신청되는 경우가 대부분이다.

검증료, 감정료의 예납

검증은 법관의 출장비를 예납해야 한다. 감정 신청은 감정료를 예납한다.

검증조서가 작성되면 이를 검토해 이익되는 부분이 있으면 적극적으로 준비서면에 원용하고, 지적공사의 '성과도'가 감정 결과로 도착하면 이를 이익으로 원용할 것인지를 변론기일에 진술하는 등의 준비서면을 작성해 제출한다.

그러나 상대방의 감정 신청 결과가 내게 불리하게 되어 있을 때는 재감정 신청을 할 필요성이 있는지 검토해야 한다. 이의가 있다면 재판부에 재감정 신청을 하는 것도 가능하다.

전자소송으로 감정 신청서 작성 제출은 전자소송 로그인 후 감정 신청서를 클릭한다. 신청 취지에 측량감정 신청, 감정 취지, 목적, 목적물, 감정 사항을 적어낸다.

감정 신청서 제출 시 인지 및 비용 납부할 것이 없다. 감정 신청서를 제출 후 일주일 내로 법원에서 감정인을 결정한다. 그리고 감정인은 예상 감정료를 법원에 제출한다.
그 이후 측량해 감정인이 측량한 감정서(성과도)를 법원에 제출한다.

증거신청서 관련

· 서증	☑ 증거설명서	☑ 증인신청서
· 증인진술서	☑ 증인신문사항	☑ 검증신청서
☑ 감정신청서	☑ 신체감정신청서	☑ 사실조회신청서
☑ 과세정보 제출명령 신청서	☑ 금융거래정보 제출명령 신청서	· 당사자본인신문 신청서
☑ 당사자본인 신문사항	☑ 문서제출명령 신청서	☑ 문서송부촉탁 신청서
· 참고자료	☑ 서증인부서	☑ 인증등본송부촉탁 신청서
· 소명자료제출	☑ 진료기록감정신청서	☑ 신용정보 제출명령 신청서

> 주장사실의 입증을 위하여 제출하고자 하는 서류

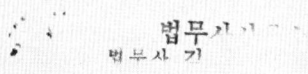

현장검증 및 측량감정 신청서

사　건　2019 가 　 ☑ 공유물분할

원　　고
피　　고

부본영수
20 . . .
(인)

우편접수

　　　　　　　　　지방법원　　　　귀중

현장검증 및 측량감정신청서

사　건　2019 가단　　　공유물분할

원　　고

피　고 1
　　　　2

위 사건에 관하여 피고는 주장사실을 입증을 위하여 다음과 같이 검증 및 감정 사항을 신청합니다.

검증 및 감정사항

1. 검정, 감정의 목적
　이 사건 계쟁토지 현장에 임하여 토지 형태와 그 지상에 있는 분묘의 위치 등을 검증하고, 피고들이 주장하는 공유물분할 신청시 상의 그 정확한 경계를 측량함.

2. 검증, 감정의 목적물
　경상남도

3. 감정할 사항
　별지와 같음.

19.10.15 12:58

첨 부 서 류

1. 현장도면   1부
1. 지적도 등본   1부

201 . . .

피 고 1.

지방법원   지원 귀중

검증 및 감정사항

별지 도면표시 (가)지점에 위치한 피고들의 분묘(조상늘묘)가 실제로 소재하는 위치가 위 토지 중 어디인지를 확인하고, 피고들의 주장에 따라 이건 공유물분할로 인하여 피고들 소유(별지도면 (가)부분) 및 원고 소유(별지도면 (나)부분)가 될 이건 토지의 경계 및 그 부위와 면적을 측량하고 각 도면을 작성하여 제출할 것.

출력시:2019.10.15 12:58

위 임 장

법 무 사

　　　(거제
　　　Tel : (
　　　Fax : (

위 사람을 대리인으로 정하여 다음의 사항을 위임한다.

다　　　음

1. 2019 가　　　공유물분할 사건의 검증 및 감정신청서 작성, 제출 및 취하하는 행위.
1. 기타 위 사항에 부수하는 일체의 행위

2019.

위 임 인

도 면

4
소제기하니
조정실에서 협의를…

공유물분할소송이나 부당이득금반환 소송을 제기해 상대방이 먼저 조정 의사를 보이거나 원고, 피고 간 서로 협의를 보려고 금액을 제시하며 조금이라도 협상이 시도된다면 재판을 제기해도 조정으로 마치는 경우가 더 많다.

물론 무수한 협의 과정과 서로 밀고 당기는 지루한 공방이 있어 피곤한 시간을 보내지만, 결국 서로 합의점에 도달해 원하는 결과를 도출해낼 수 있다.

한 번도 법률적으로 문제가 되어 재판부에 출석조차 해보지 않은 분들은 법원 출석 그 자체만으로도 엄청난 스트레스를 받게 된다. 조정실이나 재판 장소나 모두 복잡하지 않고 조용하기에 처음 조정실을 찾는 분들에게는 고요함이 더욱 긴장을 고조시키는 상황

이 된다. 그래서 처음 법원에 가시는 분 중에 너무 긴장되면 우황청심환을 마시고 조정이나 재판에 임하라고 말하곤 한다.

조정실에 가면 큰 테이블이 있는 조용한 분위기의 회의실 분위기다. 조정관이나 판사와 원고, 피고가 서로 대화를 나누며 서로의 합의점을 찾아가는 것이 조정이다. 안으로 들어서면 원고, 피고 좌석이 정해져 있고 이름을 부르며 신원을 확인한다.

그간 내용증명도 보내고 커피숍에서 만나서 대화를 나누었지만, 원만한 합의가 이루어지지 않아 교착 상태에 빠져 있어 소송을 진행하니 판사님이 조정기일을 잡아 이 자리에 오게 된 사연들이 비슷한 경우가 대부분이다. 조정위원이 선정된 경우도 있고, 조금 후 판사가 조정실로 들어오는 경우도 있다. 물론 조정관이 있으면 판사는 조정에 이르게 된 상황을 설명하고 바로 자리를 피해서 나간다.

그리고 조정관이 조정을 시작한다. 조정관이 서로 합의될 수 있도록 압박하기도 하고 여러 정황을 서로 얘기하며 합의 가격을 찾아 낙찰물건의 가격을 정하는 과정이다.

원고와 피고가 합의된 가격을 찾으면 조정관이 판사를 조정실로 부르고 판사의 주관하에 조정조서를 적고 그곳에 양자 간에 서명하고 마치게 되는 것이 보통 조정을 하는 과정이다.

소장이 제출된 후 피고에게 소장이 송달되고 답변서가 제출되기 시작하면서 다음과 같이 변론기일통지서가 발송되어 그 변론기일에 원고와 피고에게 재판부에서 조정하기를 권해 원고와 피고가 바로 응하면 조정기일이 정식으로 잡힌다.

다음과 같이 재판 중 조정기일이 잡히면 조정기일통지서가 발송되어온다.

먼저 '변론기일통지서'를 받아 변론하고 이후에 조정을 잡는 경우도 많을 것이다.

서울 지방법원
변론기일통지서

사 건   2019가단■■■ 공유물분할

원 고   김■■

피 고   이■■ 외 4명

위 사건의 변론기일이 다음과 같이 지정되었으니 출석하시기 바랍니다.

일시 :   2020. 3. 5. 14:00
장소 :   303호 법정

2019. 9. 9.

법 원 주 사

◇ 유 의 사 항 ◇

1. ■■■■ ■■■■ 을 가져오시고, 이 사건에 관하여 제출할 서면이 있는 경우에는 사건번호 ( )를 기재하시기 바랍니다.
2. ■■■■■ ■■사건은 변호사(지배인 등 법률상 소송대리인 포함)가 아니면 소송대리가 허용되지 않습니다.
3. 소송대리인이 선임되어 있더라도 되도록 당사자 본인(당사자가 회사 등 법인 또는 단체인 경우에는 대표자 또는 실무책임자, 당사자가 여러 명인 경우에는 의사결정을 할 수 있는 주된 당사자)도 함께 출석하시기 바랍니다.
4. 대한민국 법원 홈페이지(www.scourt.go.kr)를 이용하시면 재판기일 등 각종 정보를 편리하게 열람할 수 있습니다.
5. 사건진행에 관하여 안내를 받고자 하는 경우에는 자동응답전화(ARS)를 이용할 수 있습니다. 자동응답전화 번호는 지역번호 없이 1588-9100입니다(광주, 전남지역에서 타지역 사건을 조회할 때는 02-530-1234입니다). 자동응답전화를 하신 후 곧바로 사건진행안내를 받으려면 '1'+'9'+[000213 2019 001 119654]+'*'을 누르시면 됩니다.

※ 주차시설이 협소하오니 대중교통을 이용하여 주시기 바랍니다.

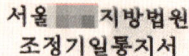

원고와 피고가 합의된 가격을 찾아 조정이 성립되면, 판사는 조정조서를 적고 그곳에 양자 간에 서명하고 마치게 한 후, 원고 피고에게 며칠 후 다음과 같은 조정조서를 보낸다.

원고는 피고로부터 3,500만 원을 받고 지분 소유권을 넘겨주도록 결정한 조정조서다. 기나긴 공방 끝에 이 같은 합의에 이른 것이다.

이 같은 결정은 동시이행 관계라는 것을 명시했고 원고가 돈을 받으면 동시에 피고에게 소유권 이전 서류를 넘겨주어야 하므로 이 거래는 반드시 법무사 사무실에서 행하는 것이 좋다. 물론 조정 당시 소유권이전에 관한 모든 비용은 피고가 부담한다는 것을 명시했다면, 차후에 혹시 모를 분쟁을 미연에 방지하는 효과도 있을 것이다.

조정조서의 청구 이유를 살피면 조정까지 온 내용이 들어 있다. 원고는 경매로 본 사건의 지분물건을 낙찰받았고, 그동안 원고와 피고는 공유지분해소 문제로 계속 협의해왔음을 알 수가 있다.

그러나 원만하게 해결되지 않아 공유물분할소송을 제기하기에 이른 것을 적시하고 있다.

이 물건은 현물로 분할하기가 곤란하니 경매에 부쳐 그 매각대금을 지분비율대로 배당받게 해달라는 취지로 원고가 소를 제기한 것이다. 이 같은 원고의 소제기에 재판부에서 변론기일에 참석한 원고와 피고의 얘기들을 듣고 조정하기를 권고해 조정까지 이르게 된 것이다.

■■■법원 ■ 지원

조정을 갈음하는 결정

사　　건　　2019가■ ■■■ 공유물분할

원　　고

피　　고　　■■■

　　　　　　2.

위 사건의 공평한 해결을 위하여 당사자의 이익, 그 밖의 모든 사정을 참작하여 다음과 같이 결정한다.

결정사항

1. 가. 원고는 피고 ■■■에게 경남 ■■ ■■■■■■ ■■■ ,420㎡ 중 1/6 지분을 35,000,000원에 매도하고, 피고 ■■■은 이를 매수한다.

　나. 피고 ■■■은 2019. 12. 31.까지 원고에게 위 매매계약에 따른 매매대금 35,000,000원을 지급한다.

　다. 원고는 2019. 12. 31.까지 피고 ■■■에게 경남 ■■■■■■■■■■ 10 임

- 1 -

야 47,420㎡ 중 1/6 지분에 관하여 위 가.항과 같이 체결된 매매계약(이 사건 조정을 갈음하는 결정이 확정되는 날에 위 가.항 기재 매매계약이 체결된 것으로 본다)을 원인으로 한 소유권이전등기절차를 이행한다.

　라. 위 나.항과 다.항은 상호 동시이행관계로 한다.

2. 가. 원고는 피고 ▓▓▓에게 ▓▓▓▓▓▓▓▓ ▓ 산40 임야 47,420㎡ 중 1/6 지분을 35,000,000원에 매도하고, 피고 ▓▓▓ 이를 매수한다.

　나. 피고 ▓▓▓은 2019. 12. 31.까지 원고에게 위 매매계약에 따른 매매대금 35,000,000원을 지급한다.

　다. 원고는 2019. 12. 31.까지 피고 ▓▓▓▓▓에게 ▓▓▓▓▓▓▓▓▓▓▓▓▓ 야 47,420㎡ 중 1/6 지분에 관하여 위 가.항과 같이 체결된 매매계약(이 사건 조정을 갈음하는 결정이 확정되는 날에 위 가.항 기재 매매계약이 체결된 것으로 본다)을 원인으로 한 소유권이전등기절차를 이행한다.

　라. 위 나.항과 다.항은 상호 동시이행관계로 한다.

3. 소송비용은 각자 부담한다.

청구의 표시

1. 청구취지

　경남 함안군 ▓▓▓ ▓▓▓▓40 임야 47,420㎡를 경매에 부쳐 그 매각대금에서 경매비용을 공제한 나머지 금원을 원고에게 1/3, 피고 ▓▓▓에게 1/3, 피고 ▓▓▓에게 1/3의 각 비율로 분배한다.

2. 청구원인

별지와 같다.

2019. 10. 10.

판사

※ 이 결정서 정본을 송달받은 날부터 2주일 이내에 이의를 신청하지 아니하면 이 결정은 재판상 화해와 같은 효력을 가지며, 재판상 화해는 확정판결과 동일한 효력이 있습니다.

청 구 원 인

1. 원고는 피고들의 별지목록기재 부동산의 3분의1 지분에 대해 2019. 05. 16. 창원지방법원○○지원 경매2계 사건번호 ○○○○○호로써 매수 신청하여 매각허가 결정을 받아 2019. 06. 07. 적법한 절차에 따라 잔금을 납부하고 소유권이전등기를 마친 진정한 소유자입니다.

2. 그러나 원고는 피고들에게 여러차례에 걸쳐 별지목록 부동산의 공유지분 해소문제에 대해 협의하였으나, 협의가 더 이상 원만하게 진행되지 않아 공유물분할 청구의 소를 제기하기에 이른 것입니다.

3. 위와 같이 원고와 피고들 사이에 공유물 분할에 관한 합의가 이루어지지 아니하고 공유자별로 소유위치가 특정되지 않아 현물로 분할할 수 없으므로 별지목록 부동산을 경매하여 그 매각대금을 공유지분 비율에 따라 분할하는 것이 최선의 방법이라 생각합니다.

4. 따라서 원고는 별지목록기재 부동산을 경매에 붙여서 공유지분에 따라 원고와 피고들에게 배당되도록 하여, 공유관계를 해소하기 위하여 이 사건 청구에 이른 것입니다.

정본입니다.

20

___지방법원   __지원

법원주사

※ 각 법원 민원실에 설치된 사건검색 컴퓨터의 발급번호조회 메뉴를 이용하거나, 담당 재판부에 대한 문의를 통하여 이 문서 하단에 표시된 발급번호를 조회하시면, 문서의 위.변조 여부를 확인하실 수 있습니다.

다음 조정조서는 또 다른 경우의 합의된 내용을 재판부로부터 받은 내용이다.

원고는 피고에게 6분의 1 지분의 소유권을 1,100만 원에 매도하고 피고들은 연대해 1,100만 원을 원고에게 지급하라는 조정을 하게 했다.

여기서 '연대해'의 의미를 살펴보자.

법률적으로 연대채무를 말하는 것인데, 여러 명의 채무자가 있을 때 그들 채무자가 채무 전부를 각자 이행할 의무가 있고, 만약

한 사람만이 이행할 경우 다른 채무자는 그 의무를 면하게 되는 경우를 말한다.

따라서 피고가 2명인 경우 각자 550만 원을 지급할 의무가 있되, 한 사람이 전부 1,100만 원을 지급하면 다른 사람은 의무를 면하게 되고, 연대채무자들의 부담 부분은 균등한 것으로 추정되므로, 전액을 변제한 채무자는 다른 채무자가 변제하지 않으면 식구 간이지만 구상권을 청구하면 된다(구상금청구 소송).

원고와 피고 간 거래는 즉 금전 1,100만 원 지급과 동시에 원고는 소유권 이전 서류를 피고에게 넘겨주는 거래인 것이다.

1. 원고는 2020.1.16. 피고들에게 별지 목록 기재 부동산 중 1/6 지분을 11,000,000원에 매도하고, 피고들은 이를 매수한다.

2. 피고들은 연대해 2020.2.28.까지 원고에게 제1항 기재 매매대금 11,000,000원을 지급한다.

3. 원고는 2020.02.28.까지 ○○○○ 문중(또는 피고들이 지정하는 사람 또는 단체)에게 별지 목록 기재 부동산 중 1/6 지분에 관한 소유권이전등기절차를 이행한다.

4. 제2, 3항은 동시에 이행한다.

5. 원고는 나머지 청구를 포기한다.

6. 소송비용 및 조정비용은 각자 부담한다.

Part
03

지분경매
전자소송으로 제기하는 법

1
전자소송, 처음인가요?

'전자소송'은 법원이 운영하는 전자소송시스템을 이용해 소를 제기하고 소송 절차를 진행하는 재판 방식을 말한다.

법원은 2010. 4. 26. 특허법원에 제기되는 사건을 대상으로 한 특허전자 소송서비스를 시작으로, 2011. 5. 2. 민사전자소송을 시행하는 등 향후 형사사건을 제외한 모든 사건에서 전자소송을 단계적으로 도입함으로써, 소송 문서 제출 부담의 감소, 소송비용의 절감, 소송 절차의 신속성과 투명성 등을 목적으로 운영하는 편리한 시스템이다.

'전자소송'을 검색해서 다음 화면이 나오면 왼쪽 아래 전자소송 안내, 전자소송 체험하기, 메뉴얼, 동영상 등을 하나하나 클릭해서 공부하고, 회원가입과 공인인증서 등록 등을 먼저 해야 한다.

　종이로 제출하던 소송서류를 인터넷을 통해 작성·제출할 수 있는 서비스이나, 원고가 변론기일에 재판을 위해 법원을 갈 때는 자신이 보아야 하는 소장, 답변서, 준비서면 등을 프린트해 가지고 가서 재판에 임해야 한다.

　소송서류의 작성 및 제출 절차는 다음과 같다. 전자소송을 진행하기 위해서는 회원가입과 전자소송 동의가 필요하니 먼저 가입하고 진행하면 된다.

전자소송 서비스를 이용하기 위해서는 공인인증서가 필요하다. 사용자의 실명확인과 법원에 제출하는 전자문서에 대한 전자서명을 위해 공인인증서가 필요한 것이다.

공인인증서는 본인의 인터넷 은행 등을 사용하기 위해 기존에 받아놓은 공인인증서를 그대로 등록해 사용해도 된다.

공인인증서는 전자소송에서 전자소송동의, 송달문서 확인, 서류제출 및 비용납부 등의 주요 서비스를 이용할 경우에 공인인증서를 사용하도록 하고 있다.

일종의 개인인감증명서의 역할을 한다고 보아도 좋다.

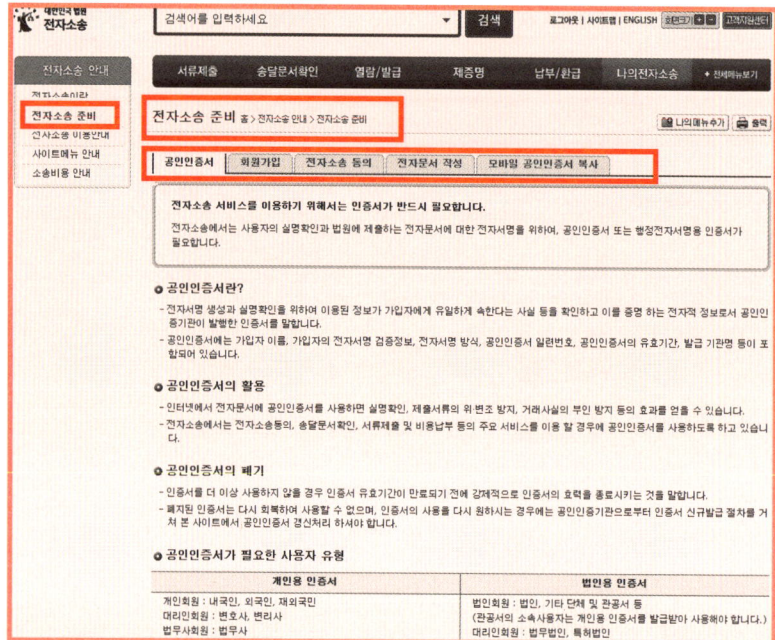

　전자소송 체험하기도 있어 가상으로 소송을 연습해보고 전자소송을 진행해도 된다.

　그리고 동영상으로 단계별 설명이 잘되어 있으니 동영상으로 먼저 공부한 후 진행한다면, 누구나 쉽게 전자소송으로 할 수 있다. 용기를 갖고 혼자서도 잘할 수 있는 '전자소송'에 도전해보자.

2

전자소송으로
부동산 처분금지가처분 신청하기

　원고가 공유물분할소송을 제기하기에 앞서 보전처분인 부동산 처분금지가처분을 신청해야만 하는 것은 아니지만, 만일의 경우를 대비하는 것뿐만 아니라 압박의 수단으로 부동산 처분금지가처분이 활용되기도 한다.

　부동산 처분금지가처분을 제기하려면 먼저 토지대장과 건축물대장을 발급받아야 한다.

　목적물가액을 산출하기 위해 토지공시지가 및 건물시가표준액을 산출해야 하는데, 이 경우 복잡하기에 '대한법률구조공단(www.klac.or.kr)'의 홈페이지로 들어가서 '소송비용 자동계산'을 클릭하고 '기타사건 비용계산'에 들어간 후, '건물소가산정'에 들어가면 해결된다.

2020년도의 건물신축가격기준액은 2020.1.1 현재 m^2당 기준가격 730,000원으로 산정되어 있다. 이 값은 매년 변동되고 자동으로 계산되어 나타난다.

신축건물기준가액 확인한 후 계산하기에 앞서, 토지대장과 건축물대장에 적힌 건축물의 형태를 보고 선택해 구조지수, 용도지수를 클릭한다. 위치지수는 토지대장의 공시지가를 보고 클릭하면 된다. 토지대장의 개별공시지가(단위: 원/m^2)를 참고해서 선택하는 것이다.

점유권에 기한 인도 및 방해배제청구를 찾으면 3분의 1, 즉 고정값인 상수를 사용하는 경우가 있는데 이 경우는 공유물분할소송을 제기할 때 사용하고, 부동산 처분금지가처분에서는 ×표를 한 부분은 체크하지 않고 그냥 지나가면 된다.

마지막으로 계산하기를 누르면 그 값이 건물소가가 산정되어 나온 것이다.

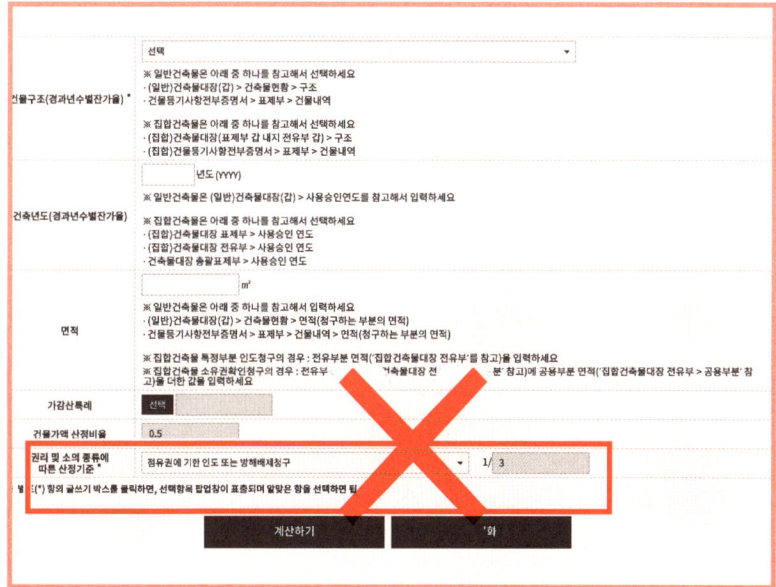

Part 03 지분경매 전자소송으로 제기하는 법 **169**

전자소송으로 진행하기 전에 먼저 한글파일로 다음과 같은 양식으로 부동산 처분금지가처분 신청서를 만들어놓고 전자소송 진행 순서대로 기록하다가 신청 취지가 나오면 복사하고 붙여넣기를 하거나 '별지첨부파일'을 한글파일로 따로 만들어서 업로드하면 된다. 그냥 마우스 우클릭을 이용해 복사, 붙여넣기를 하는 것이 더 편리하다.

부동산 처분금지가처분 신청

채 권 자   최**
채 무 자   ***

목적물의 가액: 금 3,558,141원

인 지 대	10,000원
송 달 료	376,000원

* 증 지: 2,000원
* 송달료: 376,000원=4,700원×8인×10회
* 목적물가액=대지시가표준=3,558,141원
  @대지시가표준=3,558,141원=공시지가×면적×(가처분할 지분비율)
  20,162,800원 = 265,300원×76m^2
* 원본 + 부본 8부

○○지방법원 **지원 귀중

부동산 처분금지가처분 신청

채 권 자 최＊＊ (지분 8.5분의 1) ☎ 010-0123-4567
　　　　　서울시

채 무 자 오＊＊ (지분 8.5분의 1.5)
　　　　　경상 ☎ 010-1234-5678

목적물의 표시: 별지 기재와 같음
목적물의 가액: 금3,558,141원
피보전권리의 요지: 공유물분할청구권

신 청 취 지

1. 별지 목록1의 채무자들은 별지 목록2 부동산의 채무자별 해당 지분에 대해 매매, 증여, 양도, 전세권, 저당권이나 임차권의 설정 및 그 밖에 일체의 처분 행위를 해서는 안 된다.

라는 재판을 구합니다.

신 청 이 유

1. 피보전권리의 발생 및 경위

　　채권자는 별지 목록 기재 부동산의 8.5분의 1지분에 대해 201＊.01.＊＊ 한국자산관리공사의 공매 절차(관리번호: 20＊＊)로서 매수 신청해 낙찰받아 20＊＊.0＊.11 적법한 절차에 따라 잔금을 납부하고 소유권이전등기를 마친 진정한 소유자입니다.

채권자는 채무자에게 여러 차례에 걸쳐 별지 목록 부동산의 공유지분해소 문제에 대해 협의하라고 요청했으나, 협의가 더 이상 원만하게 진행되지 않아 공유물분할소송을 제기할 준비 중입니다.

2. 대법원판례 2013마396호에 보면 가처분의 피보전 권리는 가처분 신청 당시 확정적으로 발생되어 있어야 하는 것은 아니고, 이미 그 발생의 기초가 존재하는 한 장래에 발생할 채권도 가처분의 피보전 권리가 될 수 있다고 할 것이며, 부동산의 공유지분권자가 공유물분할의 소를 제기하기에 앞서 그 승소 판결이 확정됨으로써 취득할 타 지분권자에 대한 소유권을 피보전 권리로 해 처분금지가처분도 할 수 있다 할 것입니다.

3. 공유물분할소송에서 경매로 환가하라는 판결이 나와서 경매에 부쳐질 때 그 전에 이미 별지 기재 부동산의 등기부상에 제한물건을 채무자 및 제삼자가 소송 진행 중에 채무자들의 지분의 등기부상에 올려놓은 상태에서 소제주의를 원칙으로 해서 경매가 되면 부동산상의 권리들을 말소시켜버리지만, 예외적으로 인수되는 권리가 있다고 하겠습니다. 결국, 매수인은 인수하는 만큼의 금액을 참작해 그 권리를 떠안고도 이익이 있다면 응찰하므로 경매 매각대금은 시세보다 제한물건의 금액만큼 저감된 금액으로 매각될 것이며, 채권자는 이때 자신의 지분에 상응하는 금액을 환가받지 못하는 지경에 이르게 될 것입니다.

4. 보전의 필요성
채권자는 채무자를 상대로 공유지분에 대한 공유물분할청구의 소를 바로 제기할 예정이나, 채무자들의 태도로 미루어보아 소송 도중 채무자들이 소를 회피하거나 지연할 목적으로 제삼자에게 공유지분을 처분할 염려가 많고 그렇게 될 경우, 본안의 소에서 채권자가 승소 판결을 받는다 하더라도 집행 불능에 이를 우려가 있으므로 집행을 보전하기 위해 이 사건 가처분 신청에 이르게 되었습니다.

5. 담보제공

이 사건 채무자를 위한 담보제공은 보증보험사와 지급보증 위탁계약을 맺은 문서를 제출하는 방법으로 할 수 있도록 허가해주시기 바랍니다.

첨 부 서 류

1. 내용증명 2부
1. 별지부동산표시목록 6부
1. 부동산 등기부등본 1부
1. 토지대장(공시지가) 1부

20**. 04. 01.

위 채권자 최 * * (인)

○○지방법원 * *지원 신청과 귀중

[별지 목록1]

대지권의 목적인 토지의 표시

토지의 표시:　　1. 경상
　　　　　　　　　　대 76m²

대지권의 종류:　1. 소유권대지권

[별지 목록2]

가처분할 지분
오＊＊ -------------- 8.5분의 1.5

　이제 혼자서 부동산 처분금지가처분 신청 전자소송을 해보는데, 먼저 사이트에서 회원가입을 하고 공인인증서까지 등록한 상태에서 시작해야 한다.

　'서류 제출'을 클릭하고 사각형의 민사서류를 누른다.

민사 신청을 클릭하고, 바로 밑에 있는 민사가처분 신청서를 클릭한다.

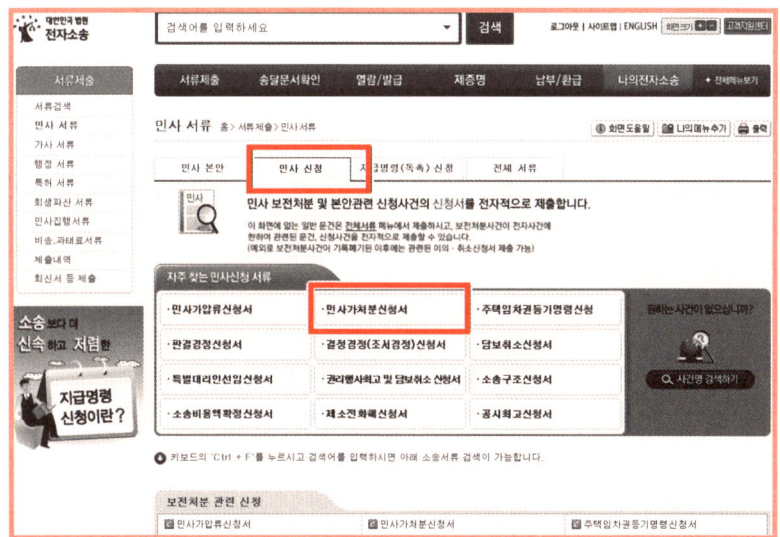

아직 공유물분할소송, 즉 본안 소송을 제기하기 전이므로 '본안사건 없음'을 체크한 상태에서 확인을 클릭한다.

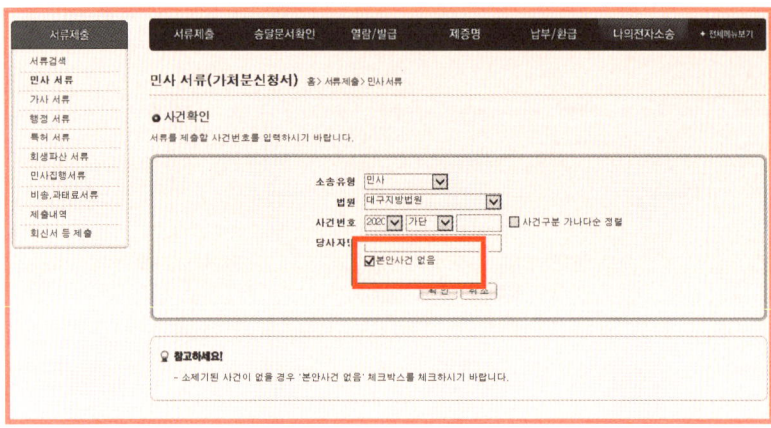

'이 사건에 관해 전자소송시스템을 이용한 진행에 동의합니다'에 체크하고 당사자 작성을 클릭한다.

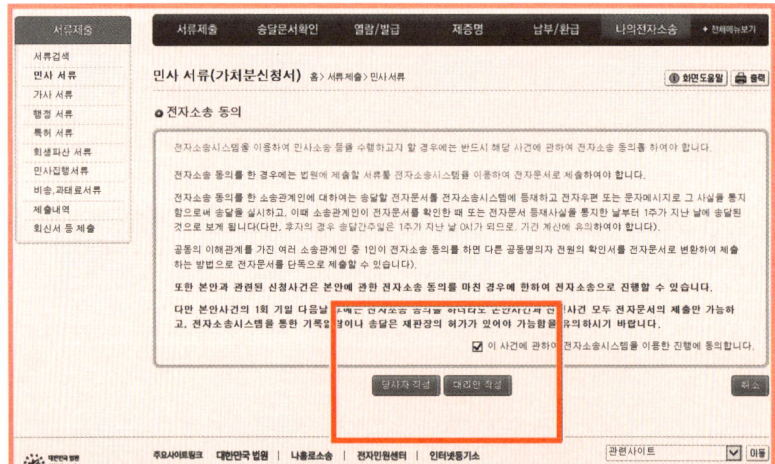

사건명 검색에서 부동산 처분금지을 찾아 클릭하고, 부동산 처분금지가처분의 소가는 앞에서 설명한 대한법률구조공단에 가서 '소가 자동계산'을 통해 산정하고 계산된 값을 넣는다.

등록면허세는 위텍스에서 납부하고, 등기촉탁수수료는 인터넷등기소에서 납부하면 된다. 부동산 처분금지가처분은 선담보가 없으므로 선담보목록은 생략한다.

그 후 신청서 접수 후에 담보제공명령이 법원으로부터 오면, 그 때 법원의 명령에 따라 보증보험증권 내지 현금 공탁 등으로 진행하면 된다.

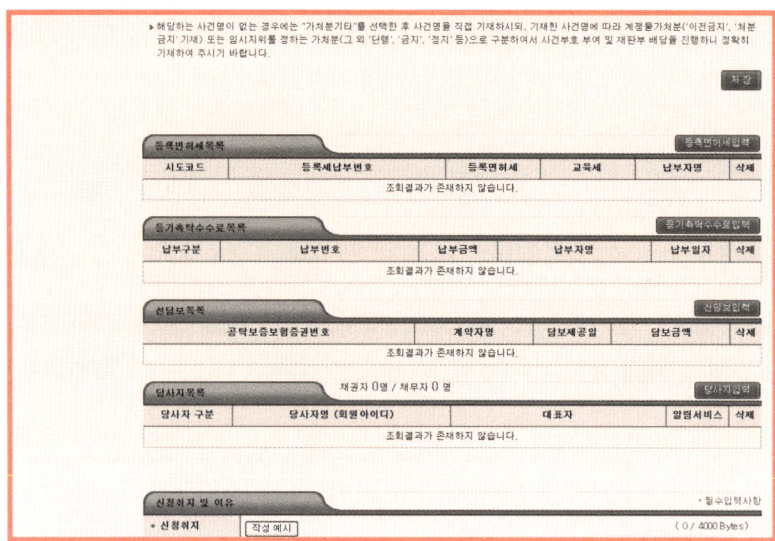

신청 취지와 신청 이유를 작성해서 직접 입력하거나 한글파일로 만들어놓았다면 첨부 서류로 올려도 된다.

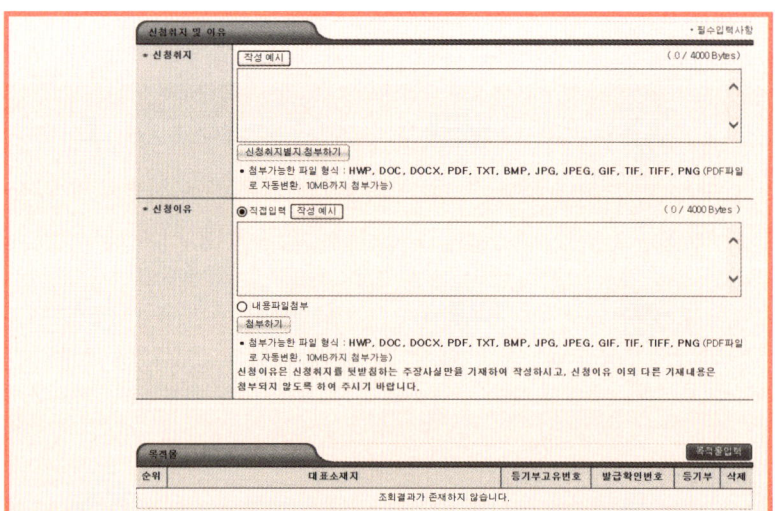

전자소송으로
공유물분할소송 신청하기

대법원 전자소송으로 공유물분할소송을 제기하기에 앞서 한글 파일로 먼저 다음과 같은 소송 양식으로 준비를 한 후에 청구 취지 및 청구 이유 등을 진행에 맞게 하나하나 입력해나가는 것이 일차적인 준비 사항이고, 이같이 준비를 한 후에 전자소송으로 들어가서 공유물분할소송을 제기하면 된다.

법조인의 도움을 받아 변호사나 법무사를 통해 돈을 들여 쉽게 소송을 진행할 수도 있지만, 지분경매는 적은 돈으로 입찰하는 경우가 많으므로 소송 프로세스를 스스로 공부해 나 홀로 소송으로 진행하기를 권한다.

소가 계산하는 방식을 공부를 위해서 적어놓았다. 그러나 실질적으로는 앞 장에서 설명한 '소송비용 자동계산기'를 통해서 계산하기 바란다.

소 장

원 고　○○서
피 고　○○순
　　　○○호
　　　○○미

공유물분할청구의 소(대금분할)
소 가 : 2,202,657원

인 지 대	11,000원
송 달 료	222,000원

*인지대 11,000원=2,202,657원×5/1,000

*송달료 222,000원=3,700원×4인×15회

*소 가 2,202,657원=59,471,742원×2/18(원고의 공유지분비율)×1/3

*목적물가액=건물시가표준+대지의 시가표준
　　　　　=20,993,742원+38,478,000원=59,471,742원

@건물시가표준 : 20,993,742원=m^2당 건물신축가격×구조지수(철근콘크리트조)×용도지수(다세대)×위치지수×경과 연수별 잔가율×면적(m^2)
20,993,742원=670,000원×1×1×1.05×1-(0.02×14)×54.45m^2

@대지시가표준 : 38,478,000원=공시지가×면적
38,478,000원=1,650,000원×23.32m^2

*원본+부본 3부

○○중앙지방법원 본원 귀중

소 장

원 고   ○○서(000111-0924910) ☎ 010-002-4006
     서울시 ○○구 ○○동 00-0 001(지분 18분 2)

피 고   ○○순(000228-2069215)(지분 18분의12)
     서울시 ○○구 ○○동 590-67 신○라 001호

     ○○호(000505-1069215)(지분 18분의 2) 전화 010-4600-9000
     서울시 ○○구 ○○동 590-67 신○○빌라 001호

     ○○미(000127-2069216)(지분 18분의 2)
     서울시 ○○구 ○○동 590-67 신○빌라 001호

목적물의 표시 : 별지 기재와 같음
목적물의 가액 : 금 2,202,657원
피보전권리의 요지 : 공유물분할청구의 소(대금분할)

청 구 취 지

1. 별지 목록 기재 부동산을 경매에 부쳐 원고 ○○서에게 18분의 2를, 피고 ○○순에게 18분의 12를, 피고 ○○호에게 18분의 2를, 피고 ○○미에게 18분의 2의 비율로 배당한다.

2. 소송비용은 피고들의 부담으로 한다.

   라는 판결을 구합니다.

청 구 이 유

1. 원고는 피고들의 별지 목록 기재 부동산의 18분의 2 지분에 대해 2000.00.00. ○○중앙지방법원 경매○○계 사건번호 2000타경 ○○○○○호로서 매수 신청해 매각허가 결정을 받아 2000.10.00. 적법한 절차에 따라 잔금을 납부하고 소유권이전등기를 마친 진정한 소유자입니다.

2. 그러나 원고는 피고들에게 여러 차례에 걸쳐 별지 목록 부동산의 공유지분해소 문제에 대해 협의하라고 요청했으나 협의가 더 이상 원만하게 진행되지 않아 공유물분할청구의 소를 제기하기에 이른 것입니다.

3. 위와 같이 원고와 피고 사이에 공유물분할에 관한 합의가 이루어지지 않고 이 사건 부동산은 다세대주택으로서 그 성질상 현물로 분할할 수 없으므로 별지 목록 기재의 부동산을 경매해 그 매각대금을 공유지분비율에 따라 분할하는 것이 최선의 방법이라 생각합니다.

4. 따라서 원고는 별지 목록 기재 부동산을 경매에 부쳐서 공유지분에 따라 원고와 피고들에게 배당되도록 해, 공유관계를 해소하기 위해 이 사건 청구에 이른 것입니다.

입 증 방 법

1. 갑 제 1 호증 내용증명사본 2통
1. 갑 제 2 호증 토지대장(공시지가)
1. 갑 제 3 호증 부동산 등기부등본
1. 갑 제 4 호증 건축물 대장

첨 부 서 류

1. 위 입증방법 각 1통
1. 법인 등기부등본 1통

2000. 00. 00.

원 고 ○○서(인)

○○중앙지방법원 본원 귀중

(별지 목록)

목적물의 표시

1. 1동 건물의 표시
서울시 ○○구 ○○동 500-00
철근콘크리트조 평슬래브지붕 4층 다세대주택(9세대)
1층 90.26m^2
2층 100.10m^2
3층 90.30m^2
4층 54.45m^2
지층 90.26m^2

전유 부분의 건물의 표시

제0층 제001호
철근콘크리트조
45.33m^2

대지권의 목적인 토지의 표시

토지의 표시 : 1. 서울시 ○○구 ○○동 007-00
대 198m^2
대지권의 종류 : 1. 소유권대지권
대지권의 비율 : 1. 198분의 23.32

분할할지분

○○서 --------- 18분의 2
○○순 --------- 18분의 12
○○호 --------- 18분의 2
○○미 --------- 18분의 2 끝.

이제 전자소송으로 진행하는 공유물분할소송에 도전해보자!

 지분을 낙찰받은 후, 타 공유자와 원만하게 합의가 잘되면 소송까지 진행할 필요가 없지만, 부득이하게 공유자와 합의가 안 될 때는 소송으로 진행해야 할 때가 있다.
 적은 금액의 지분을 낙찰받고서 변호사 및 법무사를 통해 진행하면 힘을 안 들이고 진행할 수가 있지만, 셀프로 진행하는 나 홀로 소송을 통해 소를 제기해보자!

 법원 전자소송 홈페이지를 검색해 들어가서 공인인증으로 로그인을 하고 홈페이지 전면에 들어가서 다음과 같이 '민사서류'를 클릭한다.

다음 단계로 넘어가서 '소장'을 클릭한다.

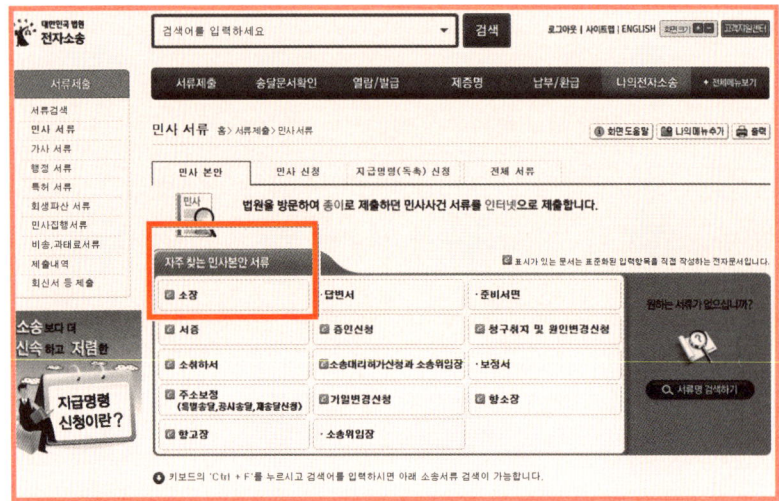

'전자소송 동의'를 하고 '이 사건에 관해 전자소송시스템을 이용한 진행에 동의합니다'에 체크하고 '당사자 작성'을 클릭하고 진행한다.

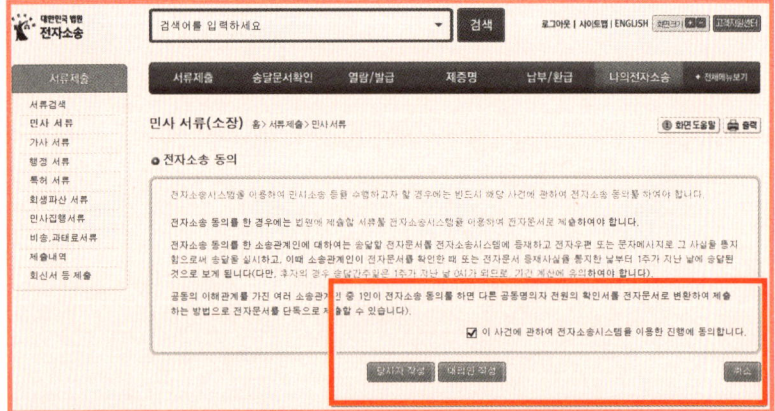

사건 기본정보에서 사건명 검색을 해야 하는데, 여러 소송 사건 중 공유물분할을 찾아 클릭하면 자동으로 '공유물분할청구의 소'가 나타난다.

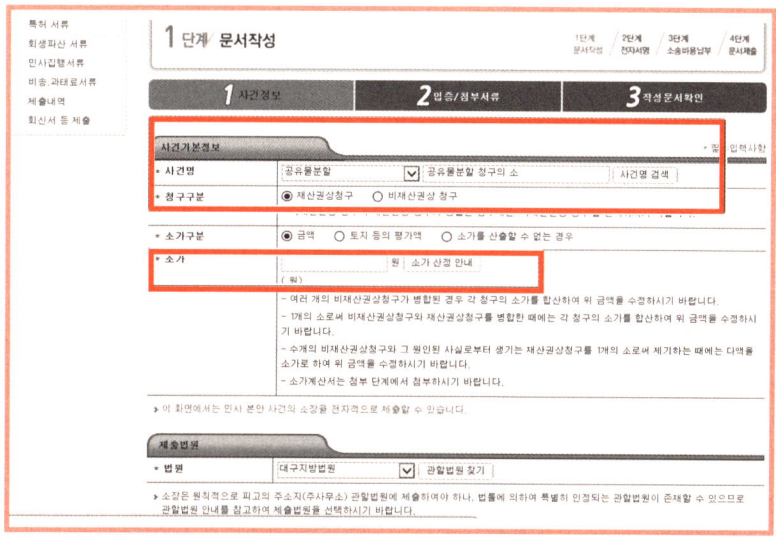

그 이후 소가 산정을 해야 한다.

'소가 산정' 버튼을 누르고 다음 통상의 소를 눌러서 목적물건 가액에 원고의 공유지분비율을 곱한 금액을 입력한다. 어렵고 잘 모르겠으면, 앞 장의 '소가 자동계산기'를 통해 계산하는 방법을 다시 공부한 후에 금액 입력을 해도 된다.

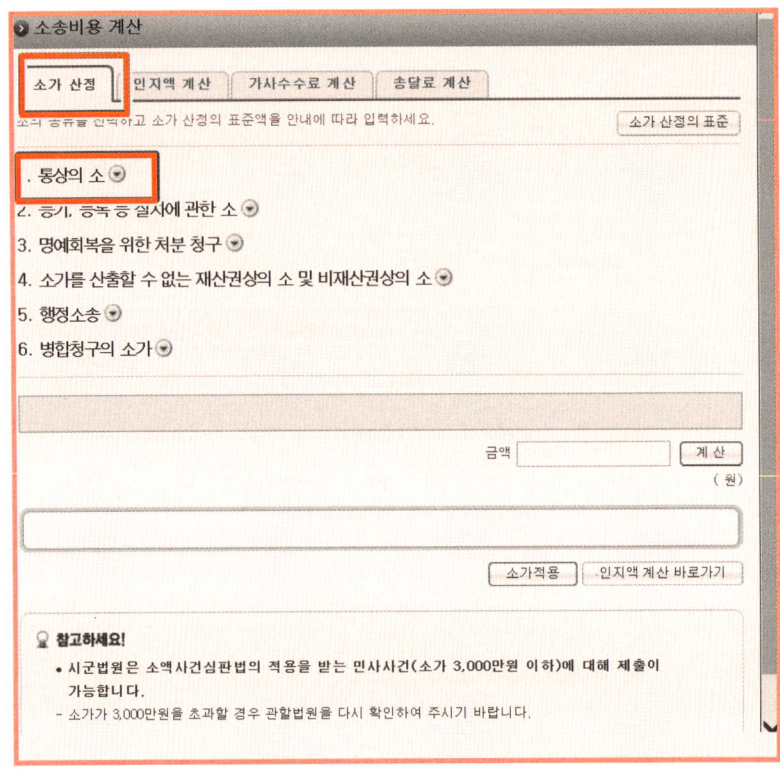

　페이지 우측 아래 바를 보면 '부동산가액 및 소가 계산기'가 보이는데 클릭한 후, 토지인 경우 토지에 체크하고, 개별공시지가, 전체 면적을 입력한다. 그리고 소가의 종류 보기를 누르고, 공유물분할 청구의 소 버튼을 누르면 된다.

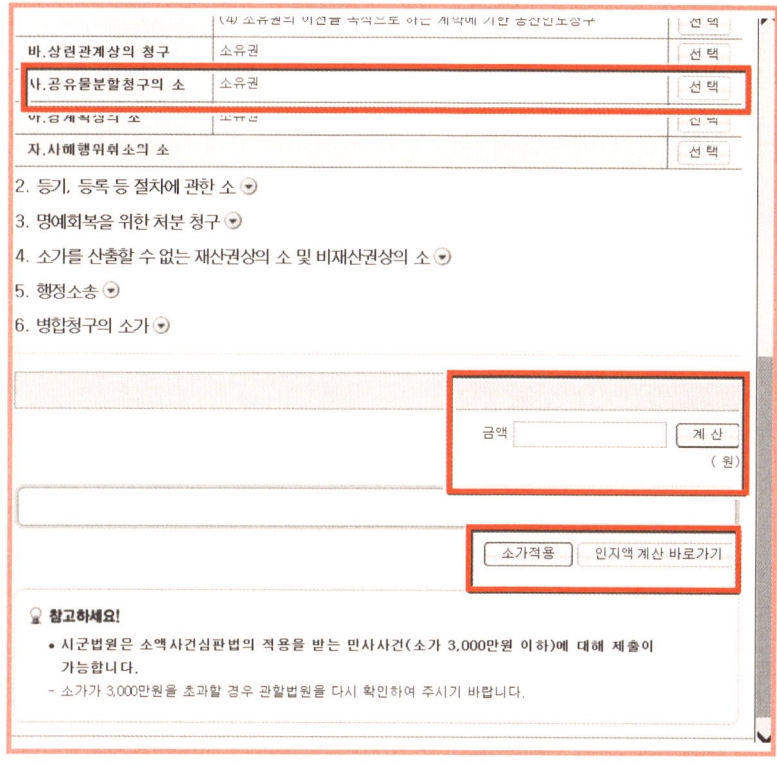

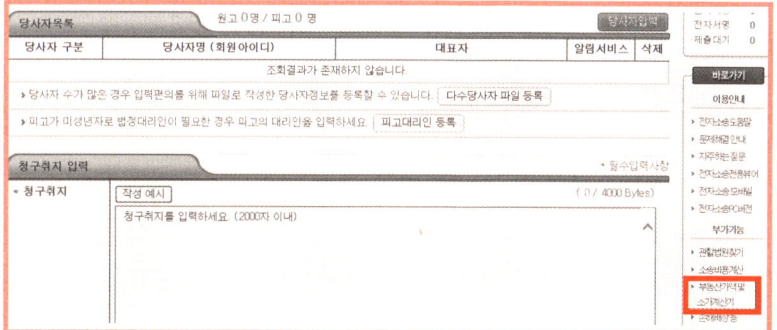

그 후, 당사자 목록에 원고 및 피고의 인원 수를 입력한다. 그러면 당사자 목록에 원고 및 피고의 표시가 완료된다. 입력이 완료되면 원고와 피고의 표시가 당사자 목록에 나온다.

원고는 로그인할 때 입력되어 있어 자동으로 나오나, 피고는 하나하나 등록하고 저장 버튼 누르면 된다. 주민번호와 연락처는 모르는 경우는 생략해도 된다.

그다음에 청구 취지를 적어야 하는데, 앞의 소장에 적힌 내용과 같이 작성하면 된다. 별지(부동산 목록)는 청구 취지 별지 첨부하기를 통해 첨부하면 된다. 청구원인도 입력해야 하는데, 앞의 소장에 적힌 내용과 같이 작성해 제출한다.

작성이 다 되었다면 다음 버튼으로 입증서류를 스캔해서 업로드 시키면 된다. 스캔한 파일을 바탕화면에 다운받은 후, 파일 첨부해서 가지고 오면 된다. 그리고 등록하면 등록한 서류들이 입증서류 목록에 보인다. 호증번호라고 보인다. 그러면 같은 내용의 여러 장의 파일 목록이 있으면 1번으로 모아야 한다. 부동산 등기등본이 3장이라도 1번으로 모으고, 만약 내용증명이 2통이면 이것은 2번으로 묶어야 한다.

그 후, 소송비용을 납부한다.

모든 것이 완료되면 최종 제출을 하면 되는데, 여기서 공인인증서로 한 번 더 인증해야 한다. 잘 되었으면 사건번호가 뜨면 모든 것이 완료되었다.

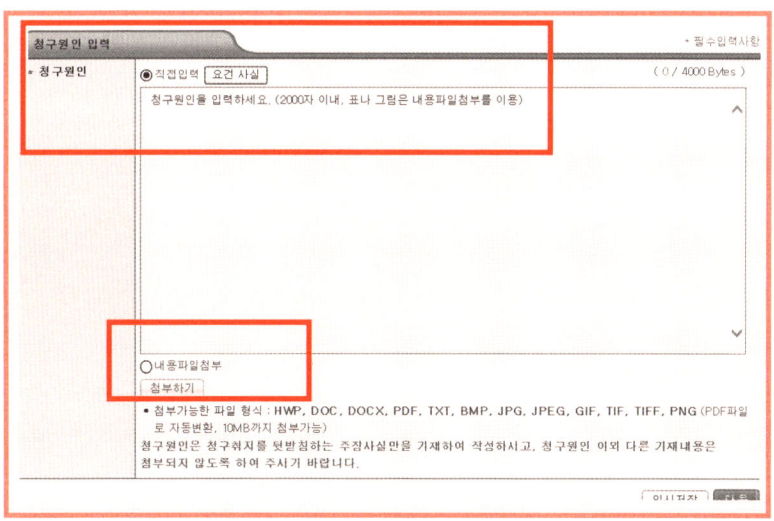

전자소송으로
부동산 가압류 신청하기

　지분경매는 소송이라는 무기를 가지고 해결하기에, 누구나 이 특수물건 시장에 진입해 수익을 낼 수는 없다. 그러나 소송에 관한 공부를 통해 실력을 갖춘 내공이 있는 투자자들은 남모르게 진입해 수익을 창출하는 특수물건 경매 시장이다.

　지분경매를 해결하는 데 필요한 최소한의 프로세스를 알고 투자한다면, 일반 대중들이 모르는 또 다른 시장에서 성공 투자를 할 수 있다.

　'가압류'는 금전에 관한 보전조치인데, 소송을 진행하기에 앞서 타 공유자 지분에 부동산 가압류를 올려 상대방이 재산권 행사는 물론 압박의 수단으로도 사용되는 사전 조치다.

　다음 가압류 신청서를 먼저 만들어서 처음 부동산 가압류를 진행해보는 투자자는 전체 맥락을 익혀보자!

부동산 가압류 신청서

채권자 (주)○○씨○
채무자 ○○덕

청구 금액	금 4,000,000원
송 달 료	금 22,200원
인 지 대	금 2,500원

@송달료 = 2인×3회×3,700원 = 22,200원
@증지 = 2,000원
@별지 6부

서울중앙지방법원 신청계 귀중

부동산 가압류 신청서

채권자 (주)○○씨○(000011-0000010)
　　　대표이사 ○○서 ☎ 010-002-0006
　　　서울시 ○○구 ○○동 600-10 000 0000
채무자 ○○덕(000718-0008739)(3분의 1 지분 공유자)
　　　경기도 ○○시 ○○구 ○○동 ○○ 제○○○ 제003호

청구채권의 표시
금 4,000,000원, 부당이득금반환청구의 소

가압류할 부동산의 표시
별지 목록 기재와 같음

신 청 취 지

채권자가 채무자에 대해 가지고 있는 위 채권의 집행보전을 위해 채무자 소유의 별지 목록 기재 부동산을 가압류한다.
라는 재판을 구합니다.

신 청 이 유

1. 당사자의 지위
　　채권자는 경기도 ○○시 ○○구 ○○동 450 제○○층 제003호(3분의 2 지분)의 부동산을 2000.00.05. ○○지방법원으로부터 부동산 강제경매 절차에서 금32,000,000원에 낙찰받아 2000년 01월 15일 적법한 절차에 따라 잔금을 완납한 진정한 소유자입니다.

2. 부당이득금 발생 경위

가. 위 원고의 경락취득 부동산(3분의 2 지분)에 관해 피고 겸 전체 부동산 점유자 ○○덕은 소유자 원고로부터 어떠한 사용승낙이나 동의 없이 또한 정당한 권원 없이 3분의 2지분만큼을 2009.01.15.부터 금일 현재까지 무단으로 사용하고 있으며 원고의 몇 차례 명도 및 임료청구요구에도 불성실한 대응만 하며 진정한 명도나 임료지급 의사를 보이지 않고 있는바

나. 이에 원고는 이 사건 법률상 피고가 정당한 권원 없이 점유부동산을 점유, 사용(3분의 2 지분만큼)해 임차료 상당을 부당이득 한 점을 이유로 피고에게 부당이득의 반환을 청구하는 것이며 그 금액은 이 사건의 부동산을 피고가 정당한 권원 없이 점유한 시점을 기준으로 해 청구하는바 피고 ○○덕은 원고에게 2000.01.15.부터 완제일까지 월 임료 상당의 월금 333,333원의 부당이득으로 반환할 의무가 있다 하겠습니다. 또한, 부당이득의 기준 되는 임차료 기준은 인근 지역의 시세 조사에 의한 것입니다.

3. 보전의 필요성

채무자는 이건 대상 부동산을 타에 처분한다는 소문이 있는바, 채권자로서는 채무자가 의도적으로 이건 부동산을 타에 처분한다면 후일 본안의 소송에서 승소한다고 하더라도 집행을 하지 못할 수 있는바, 이건 보전조치를 해놓아야 할 필요성이 시급합니다.

아울러 본 건 가압류 손해담보조로 제공할 공탁금은 보증보험회사와 체결한 보증보험증권으로 제출할 수 있도록 허가해주시기 바랍니다.

소 명 방 법

1. 소갑 제1호증 소장접수증명원
1. 소갑 제2호증 부동산 등기부등본
1. 소갑 제3호증 채무자전입세대열람내역서
1. 소갑 제4호증 매각물건명세서
1. 소갑 제5호증 내용증명
1. 소갑 제6호증 부동산 전세금 시세표
1. 소갑 제7호증 임차료 청구내역서
1. 소갑 제8호증 법인등기부등본

첨 부 서 류

1. 위 입증방법 각 1통
1. 가압류 신청 진술서 1통
1. 보증보험지급보증위탁계약서 1통

2000. 2. .

위 채권자 (주)○○씨○ 대표 ○○서(인)
010-002-0006

서울○○지방법원 신청계 귀중

〈별지〉

가압류할 부동산의 표시

1. 1동 건물의 표시
경기도 ○○시 ○○구 ○동 ○○○ ○○○층 제003호
라멘조 슬래브지붕 4층 다세대주택
1층 $129.75m^2$
2층 $129.75m^2$
3층 $129.75m^2$
4층 $129.75m^2$
지층 $136.06m^2$

전유 부분의 건물의 표시

제○○층 제003호
라멘조 $47.03m^2$

대지권의 목적인 토지의 표시
토지의 표시 : 1. 경기도 ○○시 ○○구 ○○동 ○○○
대 $427m^2$
대지권의 종류 : 1. 소유권대지권
1. 427분의 30.9

(이상 가압류 대상 : 채무자 ○○덕 지분 3분의 1 전부)

임 차 료 청 구 내 역 서

■ **청구 금액 계산 내역**

- 기준시점 : 201*년 01월 15일(매각 잔금 납입일)

- 부당이득금청구 기준 : 인근 유사 부동산 전세금 시세(전세 5,000원)

- 점유지분(3분의 2)의 전세금 = 50,000,000원 × 2/3 = 33,333,333원

- 월차임 전환 시 산정률 기준 : 12%/년(주택임대차보호법 제7조 2항 및 동시행령 제2조의 2 참조)

- 청구 금액 산출근거(년 임차료) : 33,333,333원 × 0.12%
  = 4,000,000원(1년 치 청구분)

- 월 임차료 청구 금액 : 4,000,000원/12개월 = 333,333원

전자소송 홈페이지에서 '민사서류' 메뉴를 클릭하고 그 이후 '민사 신청'을 찾아 클릭한다. 그리고 사각형으로 표시된 '민사가압류신청서'를 누른다.

처음 할 때는 어렵지만, 이 과정을 노트에 순서를 기록하면 다음번에 같은 소송을 재차 진행할 때는 아주 쉽게 진행할 수 있다.

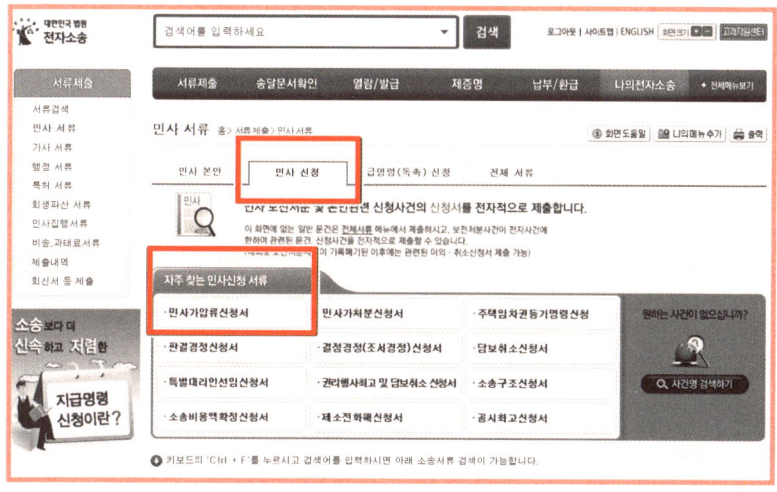

'사건 확인' 화면에서 '본안 사건 없음'에 체크하고 진행한다.

부당이득금반환청구의 소가 본안 소송이다. 이 소송을 아직 제기하지 않고 진행한다면 여기를 체크하고 다음으로 넘어가고, 이미 진행되고 있는 부당이득금반환청구의 소가 있으면 본안 사건번호와 당사자 이름을 입력하고 클릭한다.

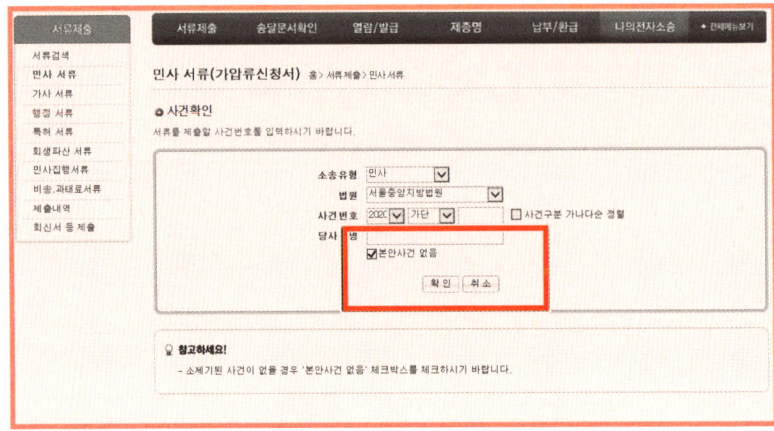

'동의합니다'에 체크하고 '당사자 작성'을 누른다.

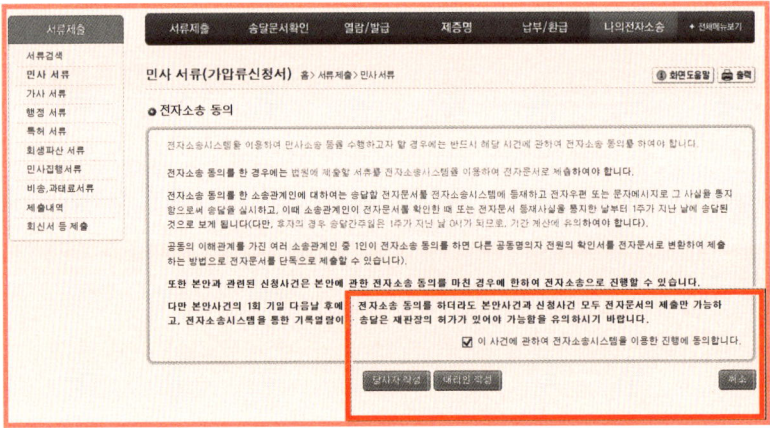

민사서류(가압류 신청서)에서 '사건명'을 클릭하면 우리가 진행하는 가압류가 '부동산 가압류'이므로 '부동산'을 체크하면 부동산 가압류가 자동으로 나타난다.

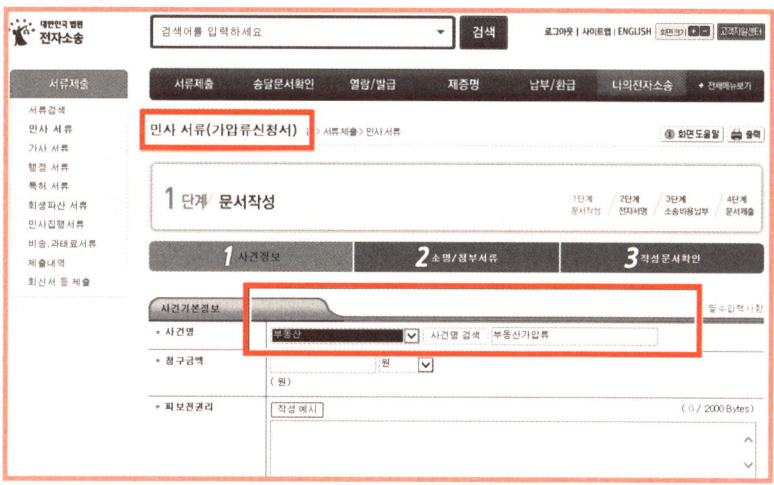

그다음 진행 항목이 '청구 금액'이다. 청구 금액은 우리가 계산해 낸 임차료 상당의 부당이득금이고, 향후 받을 수 있는 1년 치의 부당이득금을 앞의 '임차료 청구내역서'를 참고해 계산해서 청구 금액란에 입력하면 된다.

다음 '피보전권리'는 낙찰받은 후, 잔금을 법원에 납부한 날짜로 적고 그 옆에 부당이득금이라고 입력한다(예: 2020.5.25.자 부당이득금). 즉, 내가 행사할 수 있는 권리를 적는 것이다.

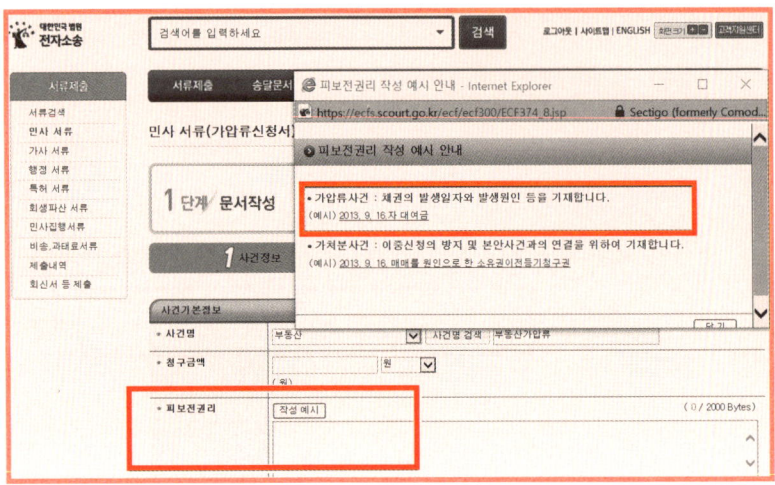

　부동산 가압류이기에 제출법원은 가압류할 대상의 부동산 소재지의 법원을 선택하면 된다. 잘 모르겠으면 관할법원 찾기 버튼을 누르고 해당 부동산의 주소지를 선택하게 되면 자동으로 법원을 선택해준다. 여기서는 예시로 서울중앙지방법원을 선택한다.

　피보전권리의 유형을 대여금, 구상금, 보증금 청구사건 등이 있으나 부당이득금은 없으므로 '해당 사항 없음'을 선택하고 집행대상 목적물은 가압류할 부동산 개수를 적고 저장 버튼을 누르고 넘어간다.

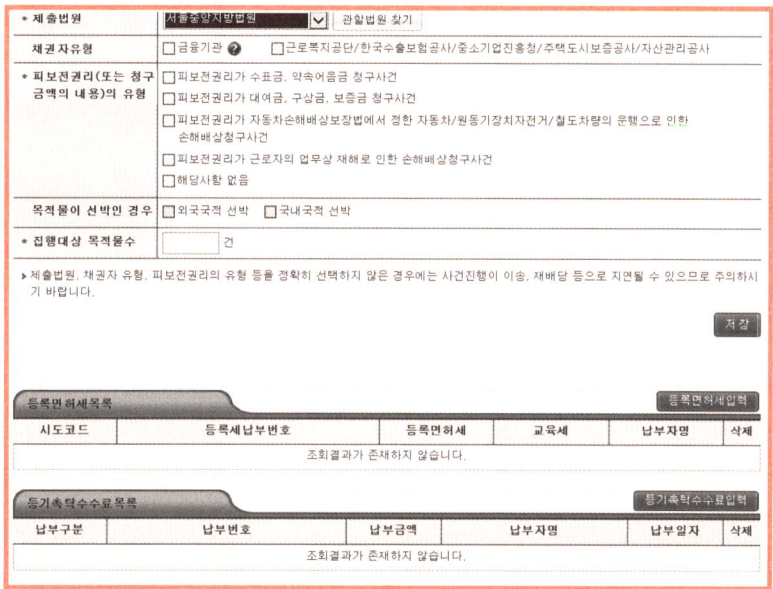

다음 단계로 '등록면허세목록'이 나온다. 부동산 등기부등본에 기록하려면 국가에 세금을 내야 하기에 발생하는 세금이다.

다음으로 '등기촉탁수수료목록'이 나오는데, 이 역시 등기부등본에 가압류되었다는 기록을 하려면 등기소에 수수료를 납부해야 하는데, 이 같은 비용을 지불해야 한다.

다음으로 선담보목록과 당사자목록이 나온다.

'부동산 가압류'는 신청하는 시점에 채무자의 의지와는 관계없이 법원이 '채무자의 재산'을 묶어두는 행위다. 그러므로 만약 채권자의 주장이 '거짓'인 경우, 법원에서는 채무자의 재산이 침해당한 것이 되므로 이 같은 상황에 대해 채권자에게 '담보'를 제공하라고 하는 것이다.

이 담보는 '보증서 공탁'과 '현금 공탁'이라는 2가지 방법으로 할 수 있는데, 당연히 서울보증보험 '보증서 공탁'을 받는 것을 추천한다. 서울보증보험 보증서 공탁이 비용이 적게 들기 때문이다.

채권자의 인적사항과 채무자의 인적사항을 입력한다.

다음은 신청 취지와 신청 이유를 기재하는데, 신청 취지는 직접 입력해도 좋고 아래에 있는 '신청 취지별지 첨부하기'에 넣는 파일을 만들어서 첨부하는 것으로 입력해도 좋다.
그리고 신청 이유도 별도의 파일을 만들어서 첨부하는 것이 좋다.

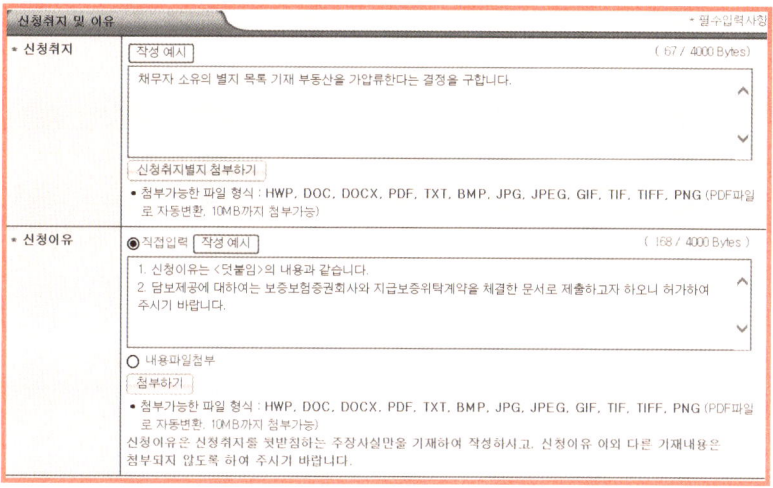

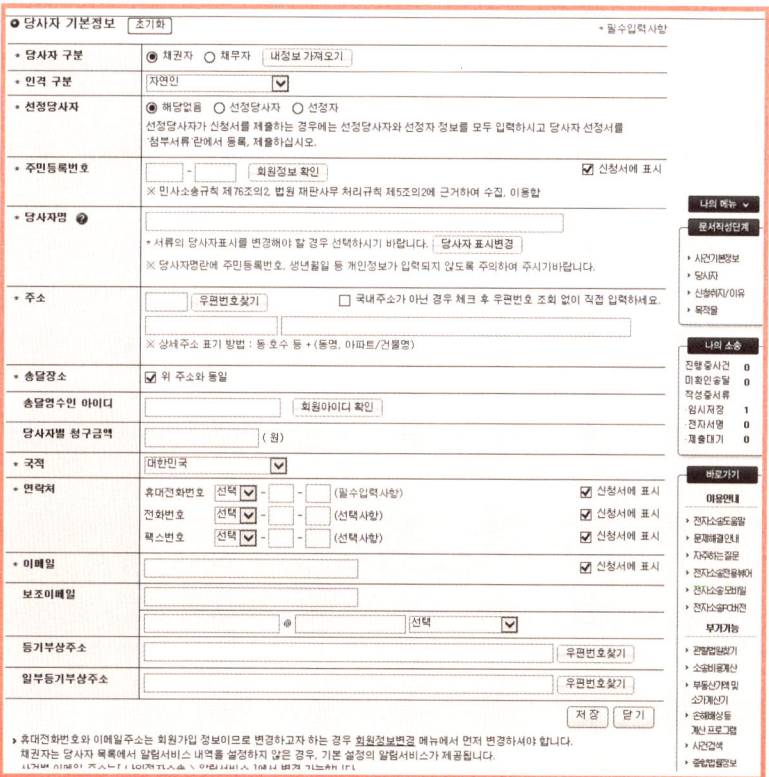

그다음 목적물을 기재해야 하는데, 신청 취지 별지 목록에 부동산 표시를 했으므로, 필수입력 사항인 부동산 종류와 주소 정도를 기재하고 다음 단계로 넘어간다.

등기고유번호는 발급받은 등기부등본 우측 상단에 나와 있는 숫자를 입력하고, 그다음 단계로 소명 자료와 첨부 서류를 제출한다.

본안 소송은 원고가 제출하는 증거서류는 '갑제1호증' 등으로 제출하고, 피고가 제출하는 증거서류는 '을제1호증' 등으로 제출한다.

그러나 가압류 신청은 신청사건이므로 채권자는 '소갑제1호증'을, 그리고 채무자는 '소을제1호증'으로 제출한다(소는 소명의 약자다).

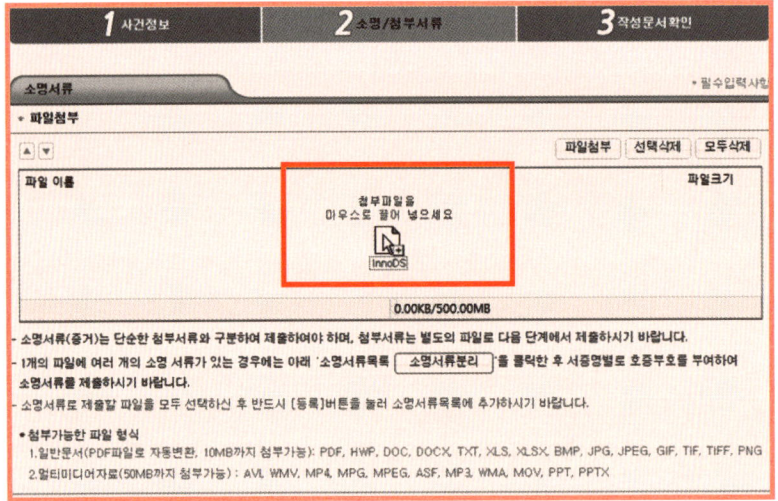

그 이후 소명자료를 첨부한 후에 '첨부 서류'를 첨부파일로 제출하는데 가압류 신청 진술서와 가압류할 채무자인 타 공유자들의 소유 지분부동산의 등기부등본을 제출한다.

가압류 신청 진술서는 전자소송 사이트에서 다운로드받아 간단히 작성한 후, 첨부하면 된다.

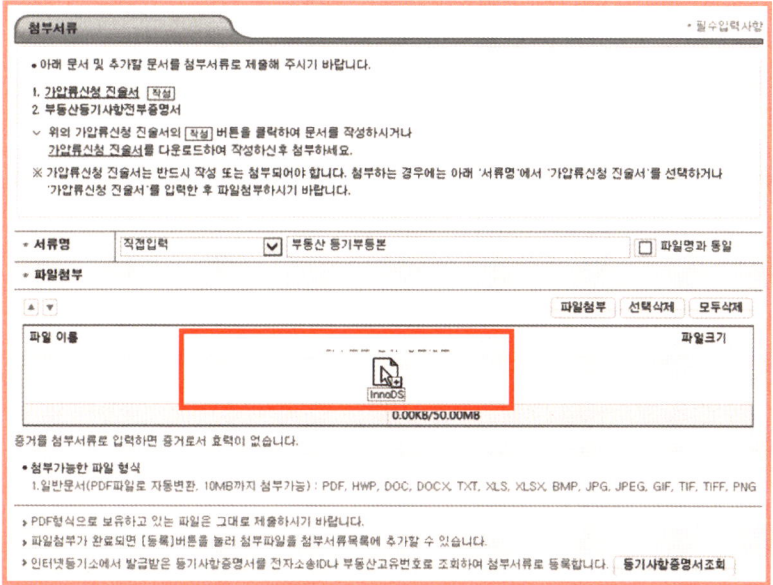

가압류 신청 진술서는 전자소송 사이트의 우측 아래의 '양식 모음'을 클릭해 다운로드받아 작성한 후, 첨부하면 된다.

가압류 진술서를 대충 적어서 제출하면 절대로 안 된다. 가압류 진술서는 반드시 제출해야 할 서류이고 본안 소송에 준하는 내용으로, 꼼꼼하게 적어서 내야 한다. 재판부에서는 가압류 진술서도 꼼꼼하게 확인하므로 사실대로 정확하게 기재해야 한다.

피보전권리는 채권자가 채무자에게 받아야 할 금원인 부당이득금을 말하는 것이다.
채무자가 그 금액을 인정하는지, 언제 그 의사를 확인했는지, 적정한 금액으로 가압류 신청을 하는 것인지 등을 진술해야 한다.

보전의 필요성에 대해서도 '채권자가 알고 있는 채무자의 재산이 이 부동산이 전부이고, 본안 소송의 판결 전에 채무자가 처분해버리면 추후 채권 만족이 어렵다'와 같이 기입하고 제출한다.

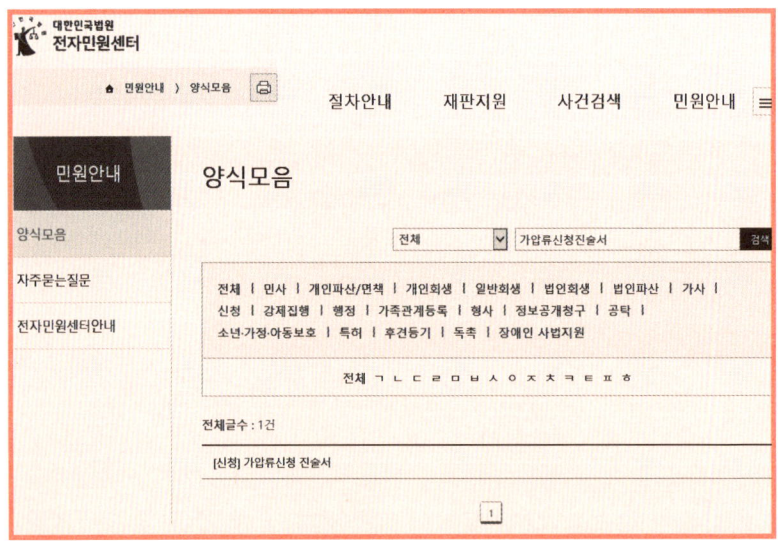

다른 질문에 대해서도 꼼꼼히 읽어보고 기재할 내용을 사실에 맞게 기재하고 해당 사항이 없다면 없음, 아니오 등으로 기재하면 된다. 중복 가압류에 대한 질문에 대해서 이 신청 이외의 가압류를 한 사실이 있는지, 아니면 또 다른 가압류를 해서 중복인지의 질문 내용이다.

만약 동일한 부당이득금으로 부동산 가압류를 하고 또 다른 가압류를 했는지를 입력하는데, 당연히 다른 가압류는 안 했으므로 없다고 진술해야 한다.

그다음, 작성한 마지막 서류까지 확인한 후, 이상이 없으면 인지대와 송달료를 납부하고 서류를 제출하는 것으로 마무리 지으면 된다.

5
전자소송으로
부당이득금반환청구의 소 신청하기

　전자소송이든 종이로 진행하는 소송이든 절차는 거의 같다. 단지 전자소송의 경우, 법원에 소장을 접수하는 방법과 법원으로부터 각종 소송서류를 송달받는 방법이 인터넷을 통하기 때문에 간편하다는 점에 차이가 있을 뿐이다. 전자소송이라도 결국 법원에 출석해 변론을 진행해야 하는 것에는 종이소송과 차이가 거의 없다.

　부당이득금이란, 법률상 원인 없이 타인의 재화나 노무로부터 얻은 이익을 말하는데, 우리가 진행하는 지분경매에서는 내가 낙찰받은 부동산에 내 허락 없이 타 공유자가 나의 지분을 포함해 원인 없이 점유하므로 나는 상대방에게 내 지분만큼의 임차료 상당의 금원을 지불할 것을 청구하는 금액을 말한다. 부당이득은 권리자에게 반환해야 한다(민법 제741조)고 민법에 있다.

부당이득이 되려면 타인이 그 이익으로 인해 손실을 보았어야 한다. 일방이 이득을 보았더라도 상대방이 손실을 입지 않았다면 부당이득은 성립하지 않는다. 그러나 우리가 진행하는 지분경매에서는 당연히 성립되는 법리다.

부당이득반환청구소송이 금전의 지급을 청구하는 소송일 경우, 소송 목적의 값(이하 '소가'라 함)은 청구 금액이 되는데, 다음의 소장 별지에 계산 방법을 설명했다. 나머지 인지 및 송달료는 '소송비용자동계산기'로 계산해 소장 제출 시 참고하기 바란다.

공유지분을 낙찰받았을 때, 내 지분만큼 타 공유자가 내 지분을 점유했을 때 월임차료 상당의 부당이득금을 청구하는 소송이 바로 '부당이득금반환청구의 소'이다.

소 장

원고 ○○서
피고 ○○호

부당이득금반환청구의 소

1. 소송물가액 923,077원 = 923,077원(1년 치 임차료)
1. 첨용인지대 4,600원 = 923,077원×5/1,000
1. 송달료 96,000원 = 4,800원×2인×10회

@첨부 서류 포함 부본 2부(1부 재판부+1부 상대방용)

○○중앙지방법원 귀중

소 장

원고   ○○서(000111-3900910) ☎ 010-0002-4000
        서울시 ○○구 ○○동 600-00 00000200 000

피고   ○○호(000525-0007412) 13분의 2 소유자
        경기도 ○○시 ○○동 000-1 000택 0동 0층 000호

부당이득반환청구의 소

청 구 취 지

1. 피고는 원고에게 금 1,076,923원 및 이에 대해 2000. 11. 06.부터 이 사건 소장부본 송달일까지 연 5%, 그다음 날부터 다 갚는 날까지 연 12%의 각 비율에 의한 금원을 지급하라.
2. 소송비용은 피고 부담으로 한다.
3. 제1항은 가집행할 수 있다.
   라는 판결을 구합니다.

청 구 원 인

1. 당사자의 지위

원고는 경기도 ○○시 ○○동002-1 000택 0동 0층 000호(피고 00호의 13분의2 지분)의 부동산을 2000년 00월 00일 000지법 경매00계에서 사건번호 2000타경1000호 부동산 강제경매로 일금11,850,000원의 매수대금으로 낙찰받아 2000년 10월 10일 적법한 절차에 따라 잔금을 완납하고 소유권이전등기까지 마친 진정한 소유자입니다.

2. 피고의 부당이득금

가. 위 원고의 점유부동산(13분의 2)에 관해 피고 겸 전체 부동산 점유자 00호는 소유자 원고로부터 어떠한 사용승낙이나 동의 없이 또한 정당한 권원 없이 13분의 2지분만큼을 2000.00.16.부터 금일 현재까지 무단으로 사용하고 있으며 원고의 몇 차례 명도 및 임료청구요구에도 불성실한 대응만 하며 진정한 명도나 임료지급 의사를 보이지 않고 있는바

나. 이에 원고는 이 사건 법률상 피고가 정당한 권원 없이 점유부동산을 점유, 사용(13분의 2지분만큼)해 임차료 상당의 부당이득 한 점을 이유로 피고에게 부당이득의 반환을 청구하는 것이며, 그 금액은 이 사건의 부동산을 피고가 정당한 권원 없이 점유한 시점을 기준으로 해 청구하는바 피고 00호는 원고에게 2000.00.16.부터 완제일까지 월 임료 상당의 월 금76,923원의 부당이득으로 반환할 의무가 있다 하겠습니다.

또한, 부당이득의 기준 되는 임차료 기준은 인근 지역의 시세 조사에 의한 것입니다.

3. 결론

위에 따라 피고는 원고에 대해 위 청구 취지 기재 금원을 반환할 의무가 있다 할 것이므로 이를 구하기 위해 이 사건 소를 제기합니다.

첨 부 서 류

1. 갑 제 1 호증　　내용증명 및 메모　　2통
1. 갑 제 2 호증　　부동산 등기부등본　　1통
1. 갑 제 3 호증　　임차료 청구내역서　　1통
1. 갑 제 4 호증　　피고전입세대열람내역　1통
1. 갑 제 5 호증　　부동산 전세금 시세　　2통
1. 갑 제 6 호증　　등기부등본　　　　　　1통

2000. 1. .

위 원고 ○○ 서(인)

○○ 중앙지방법원 귀중

목 록

1. 1동 건물의 표시
   경기도 ○○○시 ○○동 ○○○-1 ○○○택 제○동 제○층 제○○○호
   벽돌조 슬래브 위 기와지붕 3층
   연립주택

   1층 318.24m^2
   2층 318.24m^2
   3층 318.24m^2
   지층 305.64m^2

   전유 부분의 건물의 표시
   제○층 ○○○호
   벽돌조
   47.64m^2
   지하실 16.98m^2

   대지권의 목적인 토지의 표시
   대지의 표시 : 1. 경기도 ○○시 ○○동 ○○○-0
   대 0844m^2
   대지권의 종류 : 1. 소유권대지권

임 차 료 청 구 내 역 서

■ **청구 금액 계산 내역**

- 기준시점 : 2000년 12월 16일(매각 잔금납입일)

- 부당이득금청구 기준 : 인근 유사 부동산 전세금 시세(전세 5,000만 원)

- 점유지분(13분의 2)의 전세금 = 50,000,000원×2/13 = 7,692,308원

- 월차임 전환 시 산정률 기준 : 12%/년(주택임대차보호법 제7조 2항 및 동시행령 제2조의 2 참조)

- 청구 금액 산출근거(년 임차료) : 7,692,308원×0.12% = 923,077원 (1년 치 청구분)

- 월 임차료 청구 금액 : 923,077원/12개월 = 76,923원

대법원 전자소송 사이트로 접속한다. 그다음 '서류제출' - '민사서류'로 진행한다.
그리고 소장을 클릭한다.

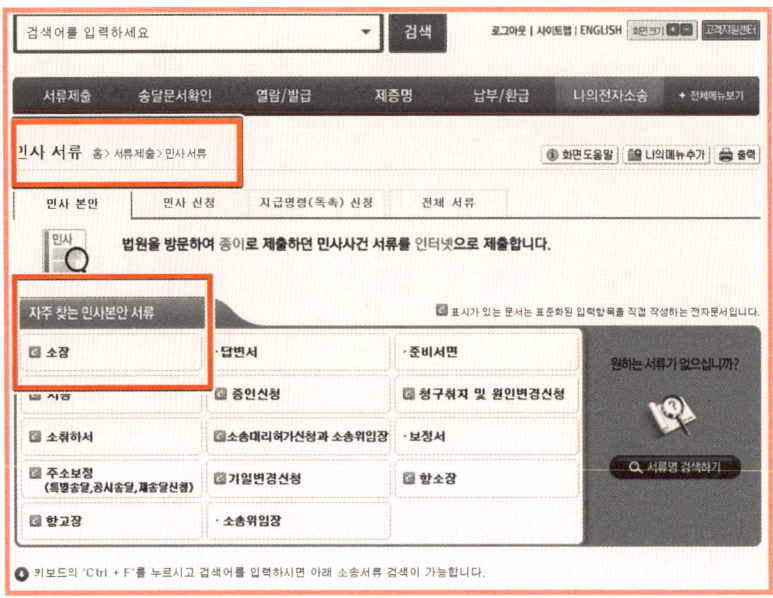

민사서류(소장)에서 전자소송에 동의하고 당사자 작성을 클릭한다.

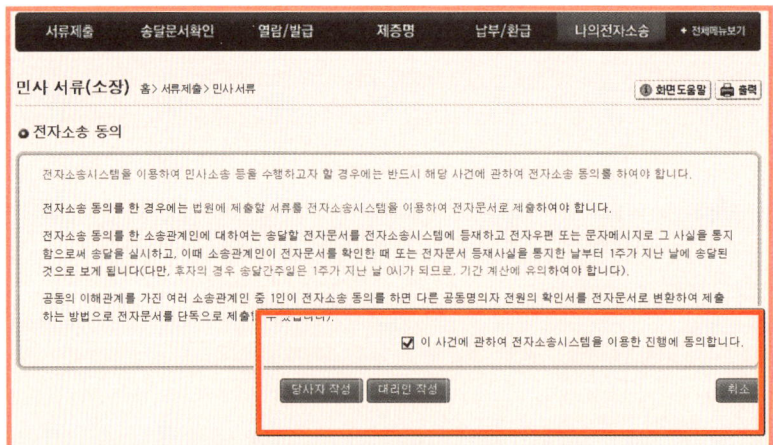

사건기본정보에서 사건명을 검색해서 부당이득금을 클릭한다. 아래 그림과 같이 선택하면, 자동으로 '부당이득금청구의 소'가 나온다. 그리고 소송에서 청구할 금액 소가를 입력해야 한다. 이 금액이 바로 우리가 계산한 부당이득금이다.

제출법원은 재산권에 관한 소송을 제기하는 경우, 채권자인 나의 주소나 법인인 경우 본점 소재지의 법원에도 소 제기가 가능하다(지참채무의무). 피고(채무자)가 아닌 원고, 즉 나의 주소지 관할법원을 선택하면 된다.

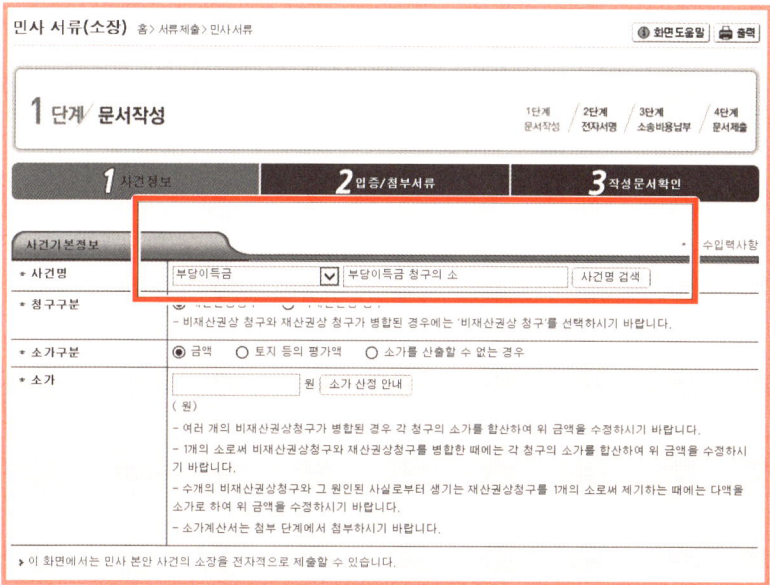

그리고 소송에서 청구할 금액 소가를 입력해야 한다. 소송할 금액을 금액란에 넣고 '계산' 버튼을 누르면 된다

다음으로는 소송 종류를 선택해야 한다. 아래 화면에 열거된 종류 중 알맞은 카테고리를 선택하는데, 우리는 1번 통상의 소, 그리고 금전지급청구의 소를 선택한다.

만약 500만 원의 부당이득금 소송을 한다면 청구 금액에 500만 원을 넣고 '계산' 버튼을 누른다. 그러면 인지액이 계산되어 나온다. 전자소송으로 소장을 제출하는 경우, 종이소송에 비해 10% 할인된 인지액을 납부하면 된다.

만약, 공유물분할소송을 하는 경우는 바로 공유물분할소송을 누르면 된다.

1. 통상의 소			
가.확인의 소	(1) 소유권의 가액		선 택
	(2) 점유권의 가액		선 택
	(3) 지상권/임차권의 가액		선 택
	(4) 지역권의 가액		선 택
	(5) 담보물권의 가액		선 택
	(6) 전세권(채권적 전세권 포함)의 가액		선 택
나.증서진부확인의 소	(1) 유가증권		선 택
	(2) 증권거래소에 상장된 증권		선 택
	(3) 기타 증서		선 택
다.금전지급청구의소			선 택
다.기간이 확정되지 아니한 정기금청구의 소	(1) 기간이 확정되지 아니한 정기금청구의 소		선 택
	(2) 정기금판결 확정 후 변경의 소		선 택
마.물건의 인도, 명도, 방해제거를 구하는 소	(1) 소유권에 기한 경우		선 택
	(2) 지상권/전세권/임차권/담보물권에 기한 경우 또는 그 계약의 해지/해제/계약기간의 만료를 원인으로 하는 경우		선 택
	(3) 점유권에 기한 경우		선 택
	(4) 소유권의 이전을 목적으로 하는 계약에 기한 동산인도청구		선 택
바.상린관계상의 청구	소유권		선 택
사.공유물분할청구의 소	소유권		선 택
아.경계확정의 소	소유권		선 택
자.사해행위취소의 소			선 택

당사자 목록에서 원고의 경우는 '내 정보 가져오기'를 하면 자동 입력된다. 피고는 아는 인적사항을 적어 넣으면 된다. 그리고 저장을 누르면 원고, 피고의 당사자 이름이 나오고 목록이 생성된다.

청구 취지는 작성예시를 참고해 직접 입력해도 되고, 앞의 종이 소장의 청구 취지를 파일로 첨부해도 된다.

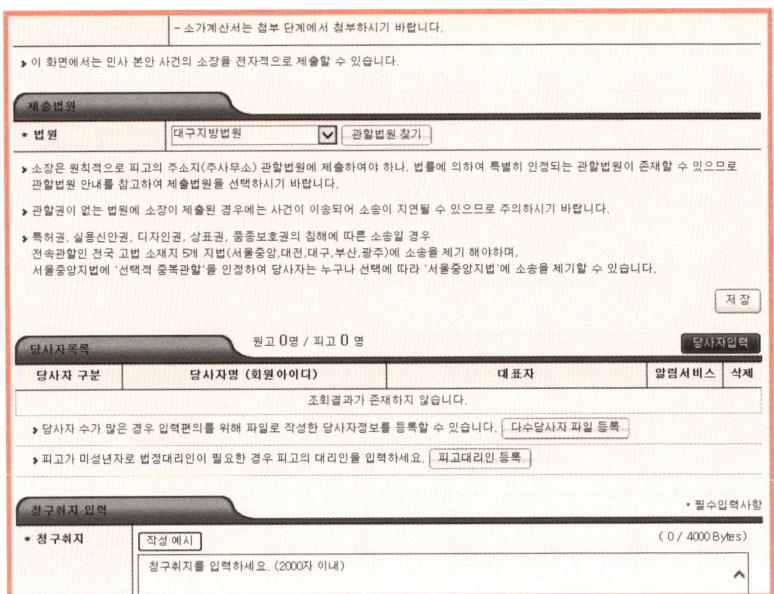

청구원인도 미리 작성된 한글파일의 종이 소장을 업로드하면, 자동적으로 PDF 파일로 변환되어 입력된다.

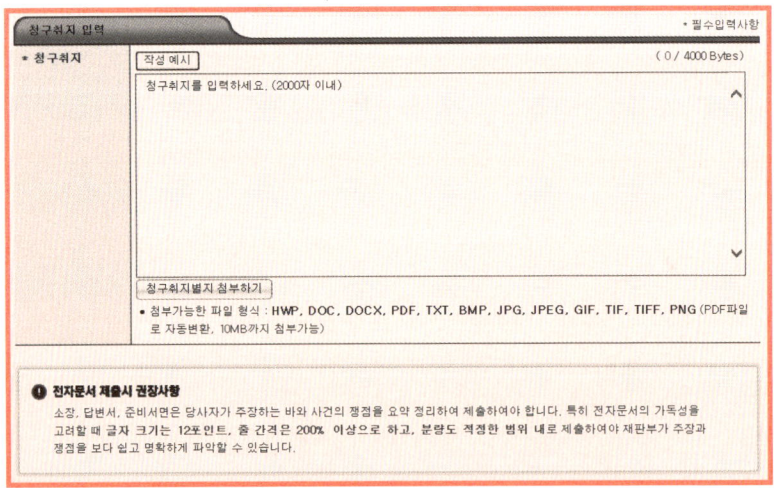

그 후, 입증서류를 첨부한 후에 등록을 클릭한다. 파일을 업로드하면 자동적으로 갑 제1호증 등 호증번호가 부여된다. 서류명은 적절하게 다시 수정해도 좋다.

다시 확인한 후, 입증서류 저장을 반드시 클릭해야 다음으로 진행된다. 모든 문서 내용에 이상 없음을 확인했다에 체크하고, 확인을 클릭한다. 혹시나 수정 사항이 있다면 이전을 클릭해 수정하면 된다.

그 이후에 소송비용인 인지액, 송달료 등을 납부하고, 다음 버튼을 클릭한다. 이제 다 끝나간다.

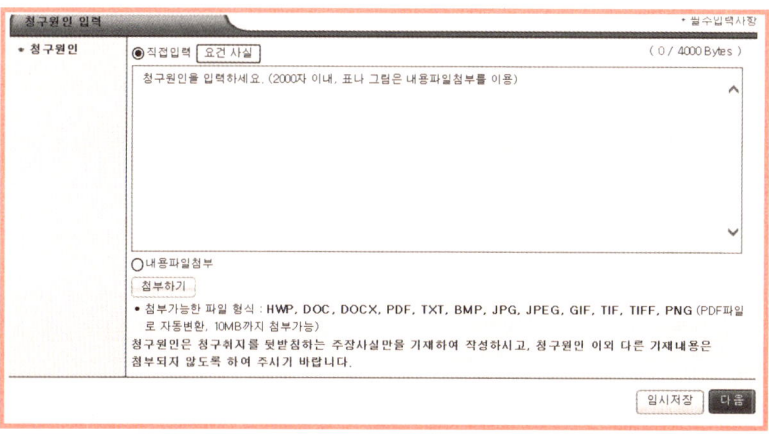

마지막으로 소장 제출하기 직전의 화면으로 한 번 더 전체 소장을 다시 확인하고 제출하면, 모든 부당이득금반환청구소송 제기가 완료된 것이다.

6
전자소송으로
형식적 경매 신청하기

　피고와의 조정이 조정기일에 깨지면 결국은 공유물분할소송에 의한 경매에 처하는 판결을 받게 되는데, 이때 송달증명원, 확정증명원, 집행문 3개 1세트를 법원에서 발급받아 다음의 공유물분할에 의한 형식적 경매를 신청해 배당받아 투자를 마무리한다.

　형식적 경매는 청구 금액이 1원이기에 형식적 경매라 명명한 것이다. 얼마를 배당받을지 경매를 진행해봐야 알 수 있기에 청구 금액을 1원으로 법원에서 정한 것이다.

　첨부 서류에 송달증명원, 확정증명원, 집행문을 첨부하는데 집행문은 판결문 제일 뒷장에 A4용지의 '집행문'을 발급받아 붙이는 것이다.

공유물분할소송을 통한 형식적 경매를 신청하려면 사전에 몇 가지 준비를 해야 한다. 전자소송으로 소송을 진행해 승소한 경우에는 전자소송 사이트에서 판결문을 다운받아 저장하고, 송달증명원과 확정증명원을 각각 발급받아 스캔을 떠서 저장한다.

등기촉탁수수료와 등록면허세도 납부하고, 등기사항전부증명서와 토지대장 등도 발급받은 후, 스캔해서 저장한다.

공유물분할을 위한 형식적 경매신청서

사 건 2018   판결정본에 의한 공유물분할

신 청 인
  성 :
  연락 :

상 대 방 1.
  경기
  (학운리 3019,

  2. 최
  경기도 평

  3. 최
  서울

  4. 최
  부산
  (구포동

경매할 부동산의 표시
: 별지목록 기재와 같음

경매신청권의 표시
:   방법원   원 2018가단   판결정본에 의한 공유물분할

신 청 취 지

신청인은 귀원 2018가단5   공유물분할 청구사건에 대한 배당을 위하여 별지목록기재 부동산에 대한 경매개시결정을 한다.
라는 재판을 구합니다.

신 청 이 유

별지목록기재부동산은 신청인과 상대방들의 공유부동산이었던바, 귀원 2018가단   호 공유물분할 소송을 제기하여 판결주문과 같이 경매를 실시하여 각 공유지분에 의한 지분비율로 배당을 하라는 판결이 확정되었으므로 신청인은 위 판결에 의한 경매 개시의 절차를 구하기 위하여 본 건 신청에 이른 것입니다.

첨 부 서 류

1. 판결조서정본   1통
1. 송달/확정증명원   1통
1. 토지등기부등본   1통
1. 토지대장   1통
1. 부동산목록   10통

2018. 8.

위 신청인   )

○○방법원 서   ○ 귀중

별지목록

대지권의 목적인 토지의 표시
  토지의 표시 : 1.
              대
  대지권의 종류 : 1.소유권대지권
          1. 256분의 176㎡

분할된 지분
                    16분의11
                    16분의1
                    16분의1
                    16분의1
                    16분의1
                    16분의1

경매 신청 비용의 계산 역시 대한법률구조공단의 '소송비용 자동 계산기'를 통해서 계산해 그 금액을 납부하면 된다.

청구 금액이 1원이기에 기본비용을 납부하기 전에, 담당 경매계에 전화해서 경매 신청 비용인 법원보관금(경매 예납금)을 산출받아 납부해도 좋다.

'소송비용 자동계산기'에서 산출된 금액은 참고만 한다. 인지, 증지, 송달료, 등록면허세 등 들어가는 내역이 무엇인지 참고한다.

소송비용계산				
본안사건 인지 및 송달료 계산	보전사건 비용계산	경매신청 비용계산	상속지분 계산	기타사건 비용계산

경매신청 비용계산

청구금액		원
현황조사건수		건
설정계약서/집행권원의수		건
부동산 수		건
이해관계인 수		건

계산하기   초기화

경매신청 비용계산 결과

구분	내용	결과
경매신청 비용계산 결과	• 청구금액 : 1원 • 현황조사 : 1건 • 설정계약서/집행권원의 수 : 1건 • 부동산 수 : 1건 • 이해관계인수 : 3건 • 2019.05.01 송달료 4,800원으로 인상 되었습니다.	• 인지액 : 5,000 원 • 증지 : 3,000 원 • 송달료 : 288,000 원 • 등록면허세 : 0 원 • 지방교육세 : 0 원 • 신문공고료 : 200,000 원 • 유찰수수료 : 5,000 원 • 현황조사수수료 : 63,260 원 • 매각수수료 : 5,000 원 • 감정수수료 : 150,000 원 • 합계 : 719,260 원

※ 본 예상 비용은 참고용이며, 실제 비용과 차이가 날 수 있음을 알려 드립니다.

법원경매사이트 이동하기   보전사건비용 부동산가압류 결과 출력하기

공유물분할청구소송 후 진행하는 경매를 통상 형식적 경매라 하는데, 전자소송 사이트에 접속해 경매를 진행할 수 있다.

먼저 전자소송 사이트에서 로그인한다.

전자소송 홈페이지에서 민사집행서류 검색해 '형식적 경매 신청서'를 선택한다. '서류제출' - '민사집행서류' - '형식적 경매'를 선택한다.

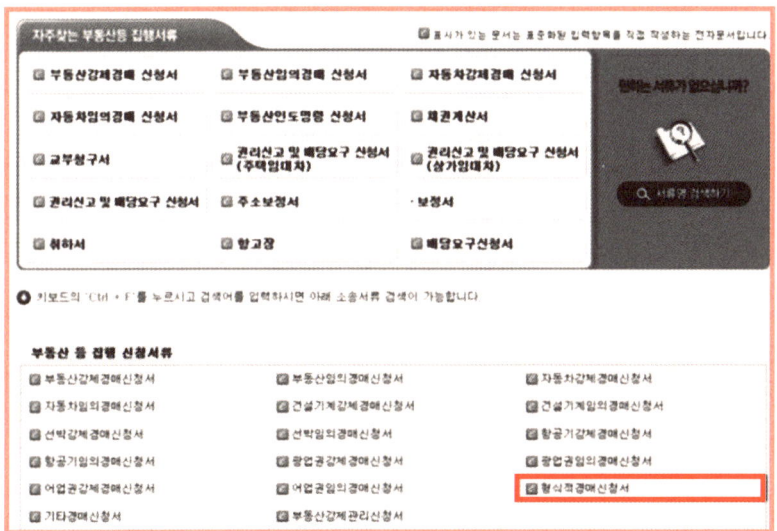

동의에 체크한 후에 '당사자 작성'을 클릭해 다음으로 진행한다. 사건명은 공유물분할, 목록 구분은 부동산을 클릭한다.
'공유물분할을 위한 경매'를 선택하면 청구원금 항목이 비활성화된다.

그 밑에 있는 청구 금액에서 작성예시의 형식적 경매를 누르면 '경매로 매각 후 신청인에게 실지로 배당될 금액'이라고 자동으로 적혀진다. 집행권원의 표시를 입력해주고 저장을 누른다.

아래 화면에서 등록면허세입력을 클릭해 시도코드, 등록세납부번호를 입력한 후 납부 확인을 클릭하면 납부한 내역이 나타난다. 저장을 누르고 다음 등기촉탁수수료입력 항목을 누른다. 납부한 등기촉탁수수료의 기본정보를 입력해준다. 경매 대상 부동산이 여러 필지일 경우, 등기촉탈수수료도 건 별로 납부하고 그 정보를 순서대로 입력해준다.

다음은 당사자 입력 사항으로 간다. 당사자 기본정보에서 당사자 구분, 처음에는 신청인을 누르고 우측의 '내 정보 가져오기' 클릭하고 나타난 내용을 확인하고 하단의 저장을 클릭한다. 상단의 초기화를 누르고 이번에는 상대방들의 정보를 입력한다. 상대방들은 이름과 주소만 입력하면 된다. 그리고 아래의 저장을 누르고 모든 상대방들의 정보를 입력한다. 그리고 닫기를 누른다.

그다음은 집행권원 입력하고 집행권원의 기본정보를 입력해준다. 사건번호를 입력하고 집행권원번호 조회를 누르면 되는데, 그때 번호가 나오면 그 번호를 집행권원 발급번호 란에 입력하고, 식별번호 없음으로 나오면 그대로 진행한다.

서류명에는 집행력 있는 판결정본이라고 입력해준다. 그리고 저장을 누른다. 판결문은 미리 jpg 파일로 만들어 바탕화면에 저장한 후에 입력해준다. 그리고 닫기를 누른다.

신청 취지 및 신청 이유는 앞의 종이 경매 신청서를 참고해 입력한다. 이해관계인 정보도 부동산 등기부등본을 보고 입력해준다.
그 후 목록 선택을 누르면 앞에서 입력한 부동산 정보가 나오는데, 이번에 입력할 이해관계인이 소유하고 있는 부동산만 선택한 후 입력하고, 이해관계인 구분에서는 상대방 겸 소유자를 선택한다. 그리고 이름과 주소는 판결문을 보면서 입력한다. 입력할 때마다 아래의 저장을 누른다.

그 이후 송달증명원과 확정증명원, 그리고 부동산 등기부등본등 첨부 서류를 PDF 파일로 만들어서 첨부해준다. 그리고 인지액, 송달료 등을 확인하고, 환급계좌를 확인한 후 인지 및 송달료 등을 납부하면 된다.

예납금은 우선 10만 원 정도 입력하고 진행하면, 경매 신청서 접수 후 경매법원에서 보정명령서로 경매 예납비가 나오니 그때 납부하면 된다.

Part 04

지분경매 실전사례

'지분경매',
공매에서 더 좋은 기회가 있다

    법원경매에 나오는 물건의 많은 부분이 근저당에 의한 임의경매로 나오는 경우가 많아 담보 가치가 있고 우수한 물건이 많지만, 법원경매 중에 지분물건은 채권, 채무 관계에 있는 강제경매로 나오는 경우가 많아 임의경매보다는 물건의 질이 떨어지는 경우가 많다.
    그러나 그 같은 상황에서는 우리는 흙 속의 진주를 캘 수가 있다. 눈이 보배고 실력을 쌓으면, 남이 못 보는 보석을 건질 수 있는 것이 지분경매의 특성이다.

    그래서 남들이 잘 접근하지 않는 공매에서도 기회를 찾아야 한다. 공매로 나오는 물건은 그 질에서 상당한 차이가 있다. 세금 체납에 의해서 진행되는 물건이다 보니 지분부동산의 공유지분권자인 세금 체납자의 부동산에 대해 압류 후 공매로 나오는 것이다.

특히 법원경매보다 접근할 수 있는 정보가 제한적이다 보니 물건을 분석하는 데 힘이 들고, 물건이 좋아 보이지 않는 특징이 있어 남보다 조금 다른 시각과 실력을 갖췄다면 거기서 투자 가치가 있는 물건을 찾아낼 수 있는 가능성이 크다.

지분공매에 관한 공부를 통해 실력을 높이면 남들이 감히 접근하지 못하는 물건에 대해 도전하기를 주저하지 않는다. 그래서 성공 투자의 길로 갈 가능성이 큰 분야가 바로 이 지분공매라는 것은 지분경매 실전반 제자들이 증명해준다.

공매를 통해서 지분을 연습하기에 정말 몇 평 안 되는 물건도 매일 같이 나온다.

지분공매는 투자 전문가들만 도전할 수 있다고 생각하지만, 절대 그렇지 않다. 지분공매는 정말 적은 금액으로 꾸준히 투자 수익을 낼 수 있는 공매 물건 중 거의 유일한 분야라고 필자는 다시 한번 강조하고 싶다.

'감정가보다 50% 이하로 낙찰받을 수 있는 지분공매에서의 특수물건은 어떻게 해결해 성공 투자를 할 수 있을까?' 자신에게 질문을 던지는 것부터 투자가 시작된다. 다른 사람이 성공했다면 나도 성공할 수 있는 길이 분명히 있다는 것이니 그 길을 찾으면 된다.

지분 경·공매 관련 책을 많이 읽었지만, 실전에서 적용이 안 되는 분들은 이 책을 반복해 읽어보고 '지분경매 소송 협상기술 강의' 유튜브 동영상을 구독해 반복, 또 반복해 공부하기를 권한다.

　특수물건으로 구분된 지분에서도 더 특수물건으로 구분된 물건들이 바로 고수들의 영역이다. 이 부분을 완성해야 진정한 지분물건의 타자가 되는 것이다. 특수물건 중 특수물건인 지분물건을 낙찰받아 공유물분할청구소송을 통해 수익을 얻는 이 과정을 배우고 익히면 성공 투자의 길로 갈 수 있다.

　이 책에 수록된 공유물분할청구 소송을 전자소송으로 완벽하게 마스터하기를 권한다. 특히 지분 토지 혹은 주거용 물건의 공매 입찰 방법 및 해결 방법들을 계속해서 스터디하기를 권한다.
　온비드 사이트에 들어가서 '부동산'을 클릭하고 지분에 체크해 지분공매 물건을 검색해서 작은 물건부터 찾아 하나하나 분석해 먼저 지분공매에 도전해보자!

　다음 사진은 실전반에서 물건을 검토 분석해 제자가 입찰할 수 있도록 수업 시간에 해결 프로세스 권리분석 등을 설명해 임장을 다녀와 입찰했으나, 아깝게 1명의 경쟁자가 나타나 패찰한 물건을 보여주는 화면이다. 1등과 2등의 가격도 나타나 있고 몇 명이 입찰한 것인지도 결과적으로 모두 화면에 알려준다.

입찰에는 실패했지만, 그래도 이 같은 과정을 거치면서 실력이 엄청 성장한다. 법원의 지분경매의 입찰 경쟁과는 비교할 수 없이 경쟁자가 훨씬 적게 입찰에 임하는 것을 보고 앞으로 공매 쪽에 신경을 써서 입찰해야겠다는 결심을 해보기를 권한다.

- 본 물건은 국세징수법 제73조의2 및 지방세징수법 제89조에 따라 공유자의 우선매수신청이 가능한 물건입니다.
매수의사가 있는 본 물건의 공유자는 물건정보와 입찰이력을 확인 후 신청해주시기 바랍니다.
공유자우선매수신청은 매각결정기일전까지 가능하며, 온비드를 통한 신청은 해당일 전영업일 18시(통상 금요일 18시) 까지만 가능합니다.

공유자우선매수신청

■ 상세입찰결과

물건관리번호			
재산구분	압류재산(캠코)	담당부점	지역본부
물건명	대전광역시		
공고번호	201903	회차 / 차수	017 / 001
처분방식	매각	입찰방식/경쟁방식	최고가방식 / 일반경쟁
입찰기간	2019-05-07 10:00 ~ 2019-05-08 17:00	총액/단가	총액
개찰시작일시	2019-05-09 11:00	집행완료일시	2019-05-09 11:14
입찰자수	유효 2명 / 무효 0명(인터넷)		
입찰금액	20,358,000원/ 17,200,000원		
개찰결과	낙찰	낙찰금액	20,358,000원
감정가 (최초 최저입찰가)	17,189,640원	최저입찰가	17,190,000원
낙찰가율 (감정가 대비)	118.43%	낙찰가율 (최저입찰가 대비)	118.43%

또한, 조회수를 살피며 다음에는 신건에까지 입찰에 임해야겠다는 깨달음을 메일에 보내주었다. 물론 입지 및 시세가 월등히 좋은 물건의 경우를 말하는 것이다.

이같이 낙찰을 처음에 도전해서 받지 못하더라도 계속 도전해보기를 권한다. 정말 다양한 지분공매 물건이 존재함을 새삼 깨닫게 되고 거기서 진정한 수익을 낼 수 있는 물건을 포착하는 행운을 반드시 얻을 수 있다.

☆ 수요일(5월8일) 검토해주신 공매물건 결과(기회를 놓쳤습니다) 관련편지검색
보낸사람 :   19.05.09 16:39 | 주소추가 | 수신차단
첨부파일 1개가 있습니다. 바로가기

교수님!
어제 강의때 검토해주신 물건이 아쉽게 누군가 가지고 갔습니다(이번주 입찰결과 오늘 발표함) 다음주 정도에 들어가려고 했는데, 물건을 알아보는 사람이 많음을 새삼 아는 기회가 됐습니다. 또한, 조회수가 많은 물건은 신건에 들어가야함을 배웠습니다.

더 좋은 물건이 나올것을 기대하며...ㅎ

감사합니다. 열심히 배우겠습니다.^^

- 제자   올림 -

매주 수요일에 진행하는 실전반에는 인터넷과 교재로만 공부한 후, 처음 1~2건의 지분물건을 낙찰받은 분들이 공부하러 많이 온다. 대부분 해결하지 못하고 그대로 방치하고 있다가 수업을 듣고 실력이 쌓이면 하나하나 해결하기 위해 다음 메일 내용과 같이 소송과 협상을 시도해나가며 막혀 있는 부분을 풀어나간다.

가장 먼저 내용증명을 타 공유자에게 발송하는 것부터 해결 프로세스가 시작되는 것이다. 두 번에 걸친 내용증명을 보내도 묵묵부답으로 일관하게 되면 처음 도전하는 분들은 여기서 회의감이 들어 지분경매 낙찰받은 것을 후회하며 포기하는 경우가 많다. 그러

나 멘토 및 스터디를 통해서 해결 방법을 정확히 배운 분들은 어려움이 중간중간에 나오더라도 반드시 풀어나갈 수 있는 길을 발견하고 성공 투자로 간다.

그 이후, 부동산 처분금지가처분을 전자소송으로 진행하면서 그다음 공유물분할소송을 진행해 조정으로 진행시킬 수 있는 길을 열어가는 것이다.

먼저 소송서류를 만들어서 메일 등을 통해 검토받고 진행한다면 초심자도 누구나 어렵다고 생각되는 지분물건에 도전해볼 수 있다.

> ☆ 부동산처분금지가처분 신청(검토부탁드립니다) 관련편지검색
> ◉ 보낸사람　　　　　 00:00　주소추가　수신차단
> @ 첨부파일 6개가 있습니다. 바로가기
>
> 교수님! 제가 제가 작년에 지분에 대해 전혀 모른 상태에서 낙찰(공매)받은 물건인데, 가르쳐주신데로 가처분부터 하려고합니다. 지난 5월에 2번에 걸쳐 내용증명을 보냈으나 아무런 반응이 없어서 가처분과 공유물분할청구소송을 해보려합니다.
> 조언과 많은 가르침 부탁드립니다
> 감사합니다^^
> -제가　　　 올림-

공매 입찰을 통해 감정가(3,943만 원)의 약 50% 정도(1,972만 원)로 낙찰받았다. 내용증명을 발송하는 것이 제일 먼저 해야 하는 액션이다.

내 연락처를 일단 타 공유자들에게 알려주고, 지분해소 문제를 논의하자는 취지의 연락을 한다.

20__	1		입찰시간 :	__-12 10:00~	__-14 17:00	조세정리팀 (☎ 1588-5321)
소재지	경상북도 (도로명주소)					
물건용도	토지		감정가		39,432,120 원	재산종류	압류재산(캠코)
세부용도	대지		최저입찰가		(100%) 19,717,000 원	처분방식	매각
물건상태	낙찰		집행기관	한국자산관리공사		담당부서	대구경북지역본부
토지면적	14.444		건물면적	0		배분요구종기	0000-00-00
물건상세	대 14.444㎡						
위임기관	세무서		명도책임	매수인		조사일자	0000-00-00
부대조건	1. 본건 토지(지분)만의 매각이며, 위 지상 전부 혹은 일부 소재하는 건물 공매제외하니 사전조사 후 입찰 바람. 2. 본건 토지 인접지와의 지적경계가 불분명하여 정확한 위치확인 및 경계구분을 위해서는 측량이 필요하니 사전조사 후 입찰 바람. 2018/09/21						

입찰 정보(인터넷 입찰)

입찰번호	회/차	대금납부(기한)	입찰시작 일시~입찰마감 일시	개찰일시 / 매각결정일시	최저입찰가
0003	039/001	일시불(30일)	18.10.08 10:00 ~ 18.10.10 17:00	18.10.11 11:00 / 18.10.15 10:00	39,433,000
0003	040/001	일시불(30일)	18.10.15 10:00 ~ 18.10.17 17:00	18.10.18 11:00 / 18.10.22 10:00	35,490,000
0003	041/001	일시불(30일)	18.10.22 10:00 ~ 18.10.24 17:00	18.10.25 11:00 / 18.10.29 10:00	31,547,000
0003	042/001	일시불(30일)	18.10.29 10:00 ~ 18.10.31 17:00	18.11.01 11:00 / 18.11.05 10:00	27,604,000
0003	043/001	일시불(30일)	18.11.05 10:00 ~ 18.11.07 17:00	18.11.08 11:00 / 18.11.12 10:00	23,660,000
0003	044/001	일시불(30일)	18.11.12 10:00 ~ 18.11.14 17:00	18.11.15 11:00 / 18.11.19 10:00	19,717,000

낙찰 : 19,720,000원 (100.02%)

첫 번째 보내는 내용증명에는 간단히 지분해소 문제를 논의하자는 내용과 내 연락처를 상대 공유자들에게 알려준다는 생각으로 보내야 한다.

두 번째까지 보내도 묵묵부답으로 일관하는 경우가 종종 생긴다. 두 번째 보낼 때는 첫 번째에 답이 없었으므로 이 이후의 모든 법적 책임이 상대에게 있음을 고지하는 것도 좋다. 그래도 당황하지 말자. 협상을 시도하려 했으나 상대가 전혀 응하지 않으니 이제 바로 소송에 돌입해야 한다.

내용증명

제목 : 지분토지 해소

수신인1:
주 소:
수신인2: 정 순
주 소: 주
수신인3:
주 소: 동
수신인4:
주 소: 시

발신인:
주 소:

<부동산의 표시>

7. 대지 14,444㎡ 지분(총면적 130㎡)

안녕하십니까?

발신인은 상기 부동산   지분(물건관리번호 : 2018   001)을 공매 낙찰 후 잔금을 납부한 소유자(2018년 11월 26일)입니다. 지분을 해소하고자 하오니 서슴없이 연락[010-   9]주시길 부탁드리며, 귀댁의 무궁한 행복을 기원합니다.

2019. 5. 22.

발신인

통 지 서

수신인1:
주　소:　　　　　　　　　　　　01

수신인2:
주　소:

수신인3:　　　　　미
주　소:

수신인4:
주　소:

발신인:
주　소:

1. 안녕하십니까? 저는 2018.11.26. 경상북도
   지분 대지 18분의 2를 한국자산관리공사에서 낙찰받은 소유자입니다.

2. 지분을 해소하고자 5월22일 연락드렸으나 소식이 없어 재통지 드립니다.

3. 어려우신 상황인 줄 알고 있습니다. 그러나 원만한 해결을 위해서 조속한
   시간에 연락[010-3　　　　]하여 주시길 바라며, 연락이 없으면 부득이
   법에 호소할 수밖에 없습니다.

　　　　　　　　2019. 5. 30.
　　　　　　　　위 발신인

그 이후, 부동산 처분금지가처분을 전자소소송로 진행하면서 그 다음 공유물분할소송을 진행해 조정으로 진행시킬 수 있는 길을 열어가는 것이다.

여기서는 부동산 처분금지가처분 신청서를 종이로 제출하는 경우의 실제 신청서를 올려놓았지만, 실제는 제3장의 전자소송으로 가처분 신청하는 방법을 익혀 전자소송으로 진행하기를 권한다. 신청 취지 및 신청 이유는 본인이 낙찰받은 물건의 상황에 맞게 수정해 신청서를 만들기를 권한다.

공매를 통해서 낙찰받은 18분의 2지분이다.

낙찰받은 후에 몇 차례 내용증명을 보냈으나, 상대방이 묵묵부답인 답답한 상황이고 이에 공유물분할소송을 제기하려고 한다는 내용이다. 그 전에 상대방이 매매 및 다른 여타 제한사항을 자신의 지분에 등재시키면 소송에서 승소해도 소용이 없으니 가처분을 인용해달라는 내용이 골자다. 그러면서 다음과 같이 대법원판례 2013마396호를 제시하고 있다.

'부동산의 공유자가 공유물분할청구의 소를 본안으로 제기하기에 앞서 장래 취득할 부동산의 전부 또는 특정 부분에 대한 소유권 등의 권리를 피보전권리로 해 다른 공유자의 공유지분에 대한 처분금지가처분을 할 수 있는지 여부(적극)'

여기서 '적극'은 인용한다는 의미로 보면 된다.

'가처분의 피보전권리는 가처분 신청 당시 확정적으로 발생한 것이어야 하는 것은 아니고, 이미 그 발생의 기초가 존재하는 한, 장래에 발생할 권리도 가처분의 피보전권리가 될 수 있다. 따라서 부동산의 공유자는 공유물분할청구의 소를 본안으로 제기하기에 앞서 장래에 그 판결이 확정됨으로써 취득할 부동산의 전부 또는 특정 부분에 대한 소유권 등의 권리를 피보전권리로 해 다른 공유자의 공유지분에 대한 처분금지가처분도 할 수 있다'라고 법률적으로 가처분을 할 수 있는 근거를 제시한다.

부동산처분금지 가처분신청서

채권자

채무자 1.
         경ㅇ
       2.
       3.
       4.

목적물의 가액 : 금 26,192,592 원
피보전권리의 요지 : 공유물분할청구권

신 청 취 지

1. 채무자는 별지 목록 기재 부동산에 대하여 매매, 증여, 저당권이나 임차권의 설정 및 기타 일체의 처분행위를 하여서는 아니 된다.
라는 재판을 구합니다.

신 청 이 유

1. 채권자는 별지 목록 기재 부동산의 18분의 2 지분에 대해 2018.11.19. 한국자산관리공사 공매 매수신청하여 매각결정을 득하고 2018.11.26. 적법한 절차에 따라 잔금을 납부하고 소유권 이전등기를 마친 진정한 소유자입니다.(소갑 제1호증 부동산등기사항증명서)

2. 채권자는 채무자와 별지 목록 부동산의 공유물분할에 대한 협의를 하려고 몇 차례에 걸쳐 연락을 하였으나 채무자는 모르쇠로 일관하고 있어 공유물분할 소송을 제기할 준비중에 있습니다.

3. 대법원판례 2013마396호에 보면 가처분의 피보전 권리는 가처분신청당시 확정적으로 발생되어 있어야 하는것은 아니고, 이미 그 발생의 기초가 존재하는 한 장래에 발생할 채권도 가처분의 피보전 권리가 될 수 있다고 할 것이며, 부동산의 공유지분권자가 공유물분할의 소를 제기하기에 앞서 그 승소판결이 확정됨으로써 취득할 타 지분권자에 대한 소유권을 피보전 권리로 하여 처분금지 가처분도 할 수 있다 할 것입니다.

4. 또한, 공유물분할 소송에서 경매로 환가하라는 판결이 나와서 경매에 붙여질 때 그 전에 이미 별지 기재 부동산의 등기부상에 제한 물건을 채무자 및 제3자가 소송진행 중에 채무자의 지분의 등기부상에 올려 놓은 상태에서 소제주의를 원칙으로 해서 경매가 되면 부동산상의 권리들을 말소시켜 버리지만, 예외적으로 인수되는 권리가 있다고 하겠습니다. 결국, 매수인은 인수하는 만큼의 금액을 참작하여, 그 권리를 떠안고도 이익이 있다면 응찰하므로 경매매각대금은 시세보다 제한 물건의 금액만큼 저감된 금액으로 매각될 것이며, 채권자는 이때 자신의 지분에 상응하는 금액을 환가받지 못하는 지경에 이르게 될 것입니다.

5. 보전의 필요성

   채권자는 채무자를 상대로 공유지분에 대한 공유물분할청구의 소를 바로 제기할 예정이나, 채무자가 소의 회피를 목적으로 제3자 및 자녀에게 공유지분을 처분할 염려가 상당하고, 또한 국토교통부가 추진하는 도시재생뉴딜 재생사업에 별지 목록 부동산 일대가 선정됨으로 인해 처분의 개연성이 짙다할 것임으로 긴급하게 장차 채권자의 승소판결의 집행보전을 위하여 이 사건 가처분신청에 이르렀습니다.

6. 담보제공

   보증보험사와 지급보증 위탁계약을 맺은 문서를 제출하는 방법으로 담보제공을 할 수 있도록 허가하여 주시기 바랍니다.

소 명 방 법

1. 소갑 제1호증   등기사항전부증명서

첨 부 서 류

1. 내용증명

2. 도지대장
3. 별지 부동산 표시
4. 목적물가액 산출내역
5. 도심재생 선정 신문기사

2019.06.09

채권

○○방법원   ○○지원 귀중

별 지 목 록

1. 경상북도 경주시
   대지 130㎡ 중
   가처분할 지분: 갑   2분의1
                        18분의 3
                        18분의 2
                        18분의 2. 끝.

지분경매에 도전한 경매 초보자의 해결 패턴

보통 초보자들은 지분물건을 낙찰받으면 다음 메일의 내용처럼, 바로 해결 프로세스로 들어가지 않고 아무런 조처를 하지 않다가 한참 시간이 지난 후에 지분 해결 프로세스에 들어가는 경우를 많이 보게 된다. 충분한 공부가 되지 않은 상태에서 입찰에 임해서 그런 경우가 대부분이다. 지금도 혹시 이 책을 보는 독자 중에 이 같은 상황에 있는 독자는 바로 해결 프로세스를 다시 한번 검토해 타 공유자와 접촉을 시도해야 한다.

여기 보내온 메일을 보면 지분 실전반 공부하기 전에 낙찰받은 물건으로 낙찰 후 더 이상 진행을 못 하다가 해결 프로세스를 정확히 알고 바로 현물분할을 청구 취지로 하는 공유물분할소송을 제기한 경우다. 상대로부터 답변서를 받아보니 조정을 원하고는 있지만, 그 이후 아무런 연락이 없다는 내용으로 진행되고 있다.

이 같은 경우에는 답변서에 대한 준비서면을 제출하고 내용으로 원고도 조정을 원한다고 제출하면 재판부에서 조정기일을 잡는 경우가 대부분이니, 될 수 있으면 조정에 의해서 해결하는 방향으로 소송을 진행하는 것이 좋다.

원고가 해결을 위한 수순을 진행하지 않다 보니 타 공유자의 지분에 채권자로부터 2억 원 상당의 가압류가 등재되게 되었다. 앞으로 이 같은 가압류가 공유물분할소송에 의한 형식적 경매를 진행할 경우, 제한사항으로 작용해 쌍방 간에 손해가 미칠 가능성이 있다.

> ☆ 교수님! 준비서면관련 끌문드립니다(급하지 않으니 천천히 부탁드립니다) 관련공지검색
> ⓐ 보낸사람 : 19.10.26 18:39 주소추가 수신차단
> ⓐ 첨부파일 6개가 있습니다. 바로가기
>
> 존경하는 교수님!
> 지혜와 추론, 그리고 성실과 신뢰로 항상 이끌어주시고 가르쳐주셔서 항상 감사드립니다.
>
> 다름이 아니옵고, 제가 교수님을 만나기 전에 공매로 지분물건 토지를 낙찰받아(2018년 7월10일) 해결을 못하다가,
> 교수님의 탁월한 지분경매강의를 수강하면서 진행한 현물분할 소송입니다.
> 소장 접수 후 답변서를 받았는데, 화해 또는 조정의사는 있으며, 전화나 어떤 연락도 오지 않고 있는 상태입니다.
>
> 1.토지 개요
> 가. 충남 아산시 | 소재, 지목: 전, 면적: 149.2㎡(전체면적은 746㎡, 1/5에 해당)
> 나. 감정가 = 15,367,600원, 낙찰가 = 9,327,000 (61%)
> 다. 현재 밭으로 사용중임(누가 사용하는지는 추후 확인할 예정)
>
> 2. 질문 요지
> 가. 협상가 3천을(부풀려 말하기) 제시하면 어떨까요?
> 나. 준비서면을 작성해야하나요? 아님 조정기일이 잡히기를 기다리면 될까요?
> 다. 공유자중 1명(?   )이 금년 3월 가압류(2억상당)가 걸려있는데 현물분할 하는데는 문제는 없을까요?
>   - 공유물 처리 방법을 몰라서 지연시키다 보니 타공유자의 보전처분이 실행되었네요 ㅠ
>
> 감사합니다 교수님!

원고가 제출한 현물분할을 청구 취지로 하는 공유물분할 소장이다.

소 장

원 고   김
      서
      (

피 고   1.
          서 강남구 압구
       2. 양
          고 일산동구 (
       3. 양
          서 북구 고2
       4. 양
       5. 양
          고 5의 주소
          트)

공유물분할 청구의 소

청 구 취 지

1. 별지 목록 기재 토지 중 별지 도면표시 1,2,3,4,1의 각 점을 순차 연결한 선내 (가)부분은 원고의 소유로, 같은 도면표시 /3,2,1,4,5,6,/의 각 점을 순사 연결한 선내 (나)부분을 피고의 소유로 분할한다.
2. 소송비용은 피고가 부담한다.
라는 판결을 구합니다.

청 구 원 인

1. 원고는 피고들의 별지 목록 기재 부동산의 10분의 2 지분에 대해 한국자산관리공사(물건관리번

호 : 20   )로부터 공매 낙찰하여 매각허가결정을 받아 2018. 7.10. 적법한 절차에 따라 잔금을 납부하고 소유권이전등기를 마친 진정한 소유자입니다.

2. 그러나 원고는 피고들에게 여러 차례에 걸쳐 별지 목록 부동산의 공유지분 해소문제에 대해 협의할 것을 요청하였으나, 묵묵부답으로 일관하고 있어 공유물분할청구의 소를 제기하기에 이른 것입니다.

3. 위와 같이 원고와 피고들 사이에 공유물분할에 관한 합의가 이루어지지 아니하고 이 사건 부동산은 그 성질상 현물로 분할할 수 있으므로 공유지분 비율에 따라 분할하는 것이 최선의 방법이라 생각합니다.

4. 따라서 원고는 별지 목록 기재 부동산을 청구취지 제1항과 같이 분할하여 공유관계를 해소하기 위하여 이 사건 청구에 이른 것인바, 원고의 청구를 인용하여 주시기 바랍니다.

입 증 방 법

1. 갑 제1호증   등기사항전부증명서
2. 갑 제2호증   토지대장
3. 갑 제3호증   내용증명
4. 갑 제4호증   위성사진

첨 부 서 류

1. 별지 부동산
2. 별지 도면
3. 소가 산출내역

2019.07.07

원고

법원 귀중

다음은 원고가 소장 제출 후 받은 보정서이고, 이 보정서의 내용대로 제출된 청구 취지 및 청구원인 변경 신청서이니 참고하기 바란다.

○○지방법원 ○○지원

보 정 권 고

사 건   2019가단○○○○ 공유물분할
        [○○○/○ 오 외 4명]

원고   ○○○ 귀하

다음 사항을 보정기한까지 보완하여 주시기 바랍니다.
보정기한: 송달된 날로부터 7일 이내

보완할 사항

1. 청구취지 제1항에서 현물분할을 구하고 있는 바, 분할을 구하는 (가), (나)부분의 각 면적을 특정하여 청구취지 및 청구원인 변경신청서를 제출하여 주시기 바랍니다.

2019. 8. 8.

법원주사   김○○

청구취지 및 청구원인 변경신청서

사　　건　2019가단　　　공유물분할　　[담당재판부:민　　]
원　　고　?
피　　고　　　　외 4명

위 사건에 관하여 원고는 다음과 같이 청구취지 및 청구원인 변경을 신청합니다.

변경된 청구취지

1. 별지 목록 기재 토지 중 별지 도면표시 1,2,3,4,1의 각 점을 순차 연결한 선내 (가)부분 [149.2㎡]을 원고의 소유로, 같은 도면표시 7,8,2,1,4,5,6,7의 각 점을 순차 연결한 선내 (나)부분[596.8㎡]을 피고의 소유로 분할한다. 2. 소송비용은 피고가 부담한다. 라는 판결을 구합니다.

변경된 청구원인

1. 원고는 피고들의 별지 목록 기재 부동산의 10분의 2 지분에 대해 한국자산관리공사(물건관리번호 : 2018-0　　004)로부터 공매 낙찰하여 매각허가결정을 받아 2018. 7.10. 적법한 절차에 따라 잔금을 납부하고 소유권이전등기를 마친 진정한 소유자입니다. 2. 그러나 원고는 피고들에게 여러 차례에 걸쳐 별지 목록 부동산의 공유지분 해소문제에 대해 협의할 것을 요청하였으나, 묵묵부답으로 일관하고 있어 공유물분할청구의 소를 제기하기에 이른 것입니다. 3. 위와 같이 원고와 피고들 사이에 공유물분할에 관한 합의가 이루어지지 아니하고 이 사건 부동산은 그 성질상 현물로 분할할 수 있으므로 공유지분 비율에 따라 분할하는 것이 최선의 방법이라 생각합니다. 4. 따라서 원고는 별지 목록 기재 부동산을 청구취지 제1항과 같이 분할하여 공유관계를 해소하기 위하여 이 사건 청구에 이른 것인바, 원고의 청구를 인용하여 주시기 바랍니다..

입 증 방 법

1. 갑 제5호증   등기사항전부증명서
2. 갑 제6호증   토지대장
3. 갑 제7호증   내용증명(1)
4. 갑 제8호증   위성사진

첨 부 서 류

1. 별지 부동산
2. 별지 도면
3. 소가 산출내역

2019.08.11

원고 :

대전지방법원 천안지원 귀중

원고가 제출한 본 사건 현물분할을 위한 지적도다.
진한 부분이 현물분할할 부분이다.

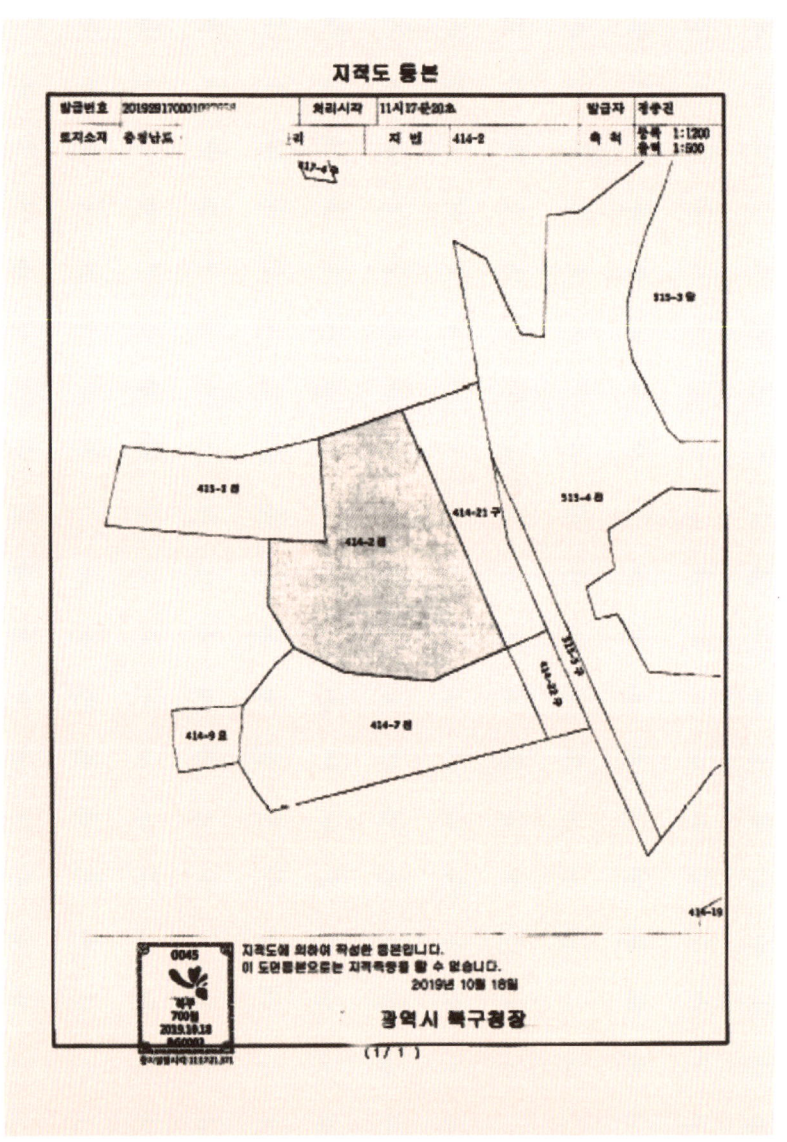

원고가 제출한 청구 취지 변경에 따른 수정한 현물분할할 부분의 재판부에 보낸 간이도면이다.

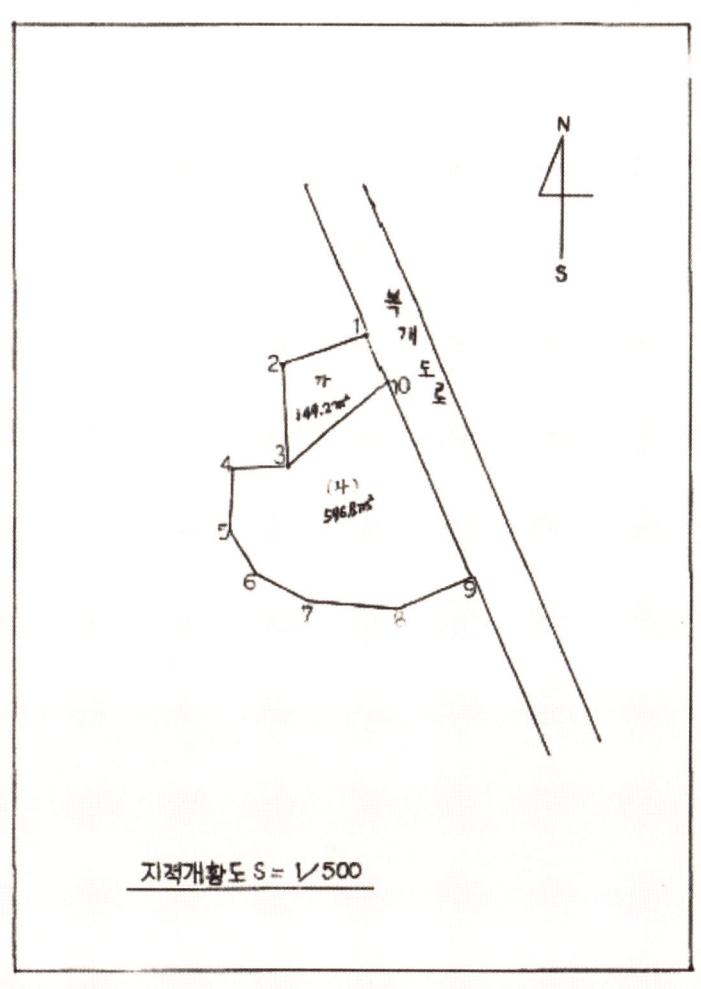

원고가 제출한 소장에 답하는 피고들의 답변서다.

원고가 현물분할을 청구한 부분을 받아들이지 못하겠다는 요지의 답변서이고, 결국은 조정을 위해 원고의 청구에 이의를 제기해 유리한 고지를 점하려고 주장하는 것이 보인다.

답 변 서

사건번호 2019가단 1   공유물 분할 청구소

원 고 : 김
피 고 : 임

귀원의 위 당사자 간 사건에 관하여 피고는 다음과 같이 답변 합니다.

- 청구 취지에 대한 답변 -

1. 원고가 필요에 의해 청구한 소송 이므로 원고가 소송비 및 분할 비용을 부담 한다
2. 현물 분할에 있어서 토지의 형상과 위치, 이용 상황이나 경제적가치의 보전과 공평하고 공평하게 분할되어야 합니다.
   그럼에도 불구하고 원고는 도로에 접한 부분이 5분지1을 초과하여 도로에 접한 부분을 너무 많이 넣었고, 원고안대로 분할한다면 현재 전(田)으로 농산을 재배에 필요한 경운기, 트랙터 등 경작기를 원활히 회적할 수 있는 최소공간이 생기게 됩니다. 또한 원고는 동목을 원하지만 차후 주택을 건설하게 되면 그늘이 지는 음지에서는 농산물 재배가 불가능하기 때문에 동 북이 아닌 서북으로 분할 해야 토지를 경제적으로 이용할 수가 있습니다.
3. 별지 지적 개발도 에서 도면에서 1,2,3,4,5,6,7,8,9,10,1각 점을 연결한 전체 토지 면적 746㎡ 중 원고의 토지(가)는 1,2,3,10,1각 점을 연결한 면적 149.2㎡로 하고 피고들의 토지(나)는 3,4,5,6,7,8,9,10,3 각점을 연결한 토지면적 596.8㎡로 분할하는 것이 합리적입니다.

4. 첨부서류
   등기부 등본   1 부
   지적도 등본   1 부
   토지대장   1 부
   지적개황도   1 부

1920. 10. 22

대전지방법원   ㅇ지원 귀중

　원고, 피고가 제출한 소장과 답변서를 검토하고 재판부에서 원고에게 석명준비명령을 내렸는데, 여기서 현물분할을 할 경우 주의해야 하는 법리가 있다.

　원고가 지분경매의 초심자이기에 타 공유자의 지분에 2억 원 상당의 가압류가 경료되어 있는데도 현물분할의 공유물분할 소장을 제출한 것은 큰 실수를 한 것이다. 이 같은 가압류등기 등 제한사항의 등재를 막기 위해 부동산 처분금지가처분을 타 공유자 지분에 올리는 것인데, 이 가처분 신청을 안 한 것이 첫 번째 실수이고, 전사(轉寫) 법리를 모르고 현물분할 신청한 것이 두 번째 커다란 실수다.

　여기서 다음의 법리를 설명한다. 공유지분 등기부등본 위의 제한물권은 공유물분할 중 현물분할일 경우, 그대로 전사된다.

이 사건처럼 1명의 타 공유자 지분에 설정된 가압류로 인해 현물분할 시 나의 지분에 그 가압류가 그대로 모두 옮겨지는 전사가 된다면, 현물분할로 인해 나는 엄청난 피해를 보게 되는 것이다.

☆ 석명준비명령 관련 질문 여쭙니다.(지분경매강의시 현물분할 검토해주신 물건) | 관련편지검색
보낸사람 '19.11.17 22:02 | 주소추가 | 수신차단
첨부파일 3개가 있습니다. 바로가기

존경하는 교수님,
지난 현물분할 강의시 진행중인 천안지원의 토지 현물분할나련 준비서면을 제출하고 난 후 법원에서 첨부문서와 같은 석명준비명령이 도착하였습니다. 이에 준비하고자 먼저 교수님께 여쭙고 진행하려고 합니다.
바쁘신 와중에 항상 도움주셔서 감사하며, 날씨가 추워지고 있으니 건강에 유의하시기 바랍니다.

석명준비명령을 위한 세부 할 일

1. 청구취지 정정
 = 피고 ■■오외 4명을 피고1 ■■오, 피고2 ■■관, 피고3 ■■택, 피고4 ■■택, 피고5 ■■택으로 정정하고, 각각 지분과 분할 부분까지 제가 임으로 정하여 청구취지를 정할까 하는데 이 부분도 제가 가능합니다.

2. 현물분할을 위한 측량감정신청을 위한 감정신청서를 작성 및 신청한다 : 스스로 가능합니다.

3. 천안시청 관계자와 통화하여 제 지분(149.2㎡)이 행정법령상 분필가능한 최소면적을 충족하는지 여부를 확인하고 다만, 가능하다는 사실을 법원에 증명할 수 있는 서류발급이 가능한지 여쭈어보겠습니다.

4. 공유자 중 일부지분에 대한 제한등기가 말소 가능한지 여부를 묻는데 이부분에서 어떻게 해야할지 모르겠습니다. 교수님께서 살펴봐주시고 고귀한 조언 부탁드립니다.

5. 토지의 형상과 위치 등 적정한 현물분할 방법에 관한 주장을 하라하는데, 이미 준비서면에서 제가 밝혔는데도 또 다시 묻는것은 기존에 제가 주장한 준비서면의 내용을 바꾸라하는것인지, 아니면 기존 준비서면 내용을 다시한번 중복해서 주장해도 가능한지 궁금합니다.

대전지방법원 천안지원

석명준비명령

사건 : 2019가단11 공유물분할
 [원고 ○○○ / 피고 ○○○ 외 4]

원고 : ○○○ (귀하)

소송관계를 분명하기 하기 위해 다음 사항에 대한 보완을 명합니다. 이에 대한 답변을 적은 준비서면과 필요한 증거를 제출기한까지 제출하시기 바랍니다.
이 명령에 따르지 아니하는 경우에는 주장이나 증거 신청이 각하되는 등 불이익을 받을 수 있습니다(민사소송법 제149조 제2항 참조). 제출기간 : 2019.12.6.

석명준비사항

1. 피고들이 수인임에도 청구취지의 피고들에 대한 분할 내역을 명확히 기재하지 않았으므로, 피고들에게 각각 배분될 지분이나 분할 부분을 명확히 해서 청구취지를 정정하시기 바랍니다.

2. 이 사건 부동산의 현물분할을 위해서는 측량감정이 이루어져야 하고, 현물분할이 적절한 방법인지에 관한 참고사항으로는 분할 부분이 행정법령상의 최소면적을 충족해 실제 분필등기가 가능한지 여부, 공유자 중 일부의 지분에 대한 제한등기(가압류 등)의 말소가 가능한지, 토지의 형상과 위치, 이용상황에 비추어 적절한 현물분할이 가능한 지등이 검토되어야 할 것으로 보이므로, 적절한 현물분할 방법에 관한 주장과 필요한 측량감정 신청을 하시기 바랍니다.

2019.11.15.

(대법원 1989.08.08. 선고 88다카24868 판결 소유권이전등기말소)

갑, 을의 공유인 부동산 중, 갑의 지분 위에 설정된 근저당권 등 담보물권은 특단의 합의가 없는 한, 공유물분할이 된 뒤에도 종전의 지분비율대로 공유물 전부의 위에 그대로 존속하고 근저당권설정자인 갑 앞으로 분할된 부분에 당연히 집중되는 것은 아니므로, 갑과 담보권자 사이에 공유물분할로 갑의 단독소유로 된 토지 부분 중 원래의 을 지분 부분을 근저당권의 목적물에 포함시키기로 합의했다고 해도 이런 합의가 을의 단독 소유로 된 토지 부분 중 갑 지분 부분에 대한 피담보채권을 소멸시키기로 하는 합의까지 내포한 것이라고는 할 수 없다.

그렇다면 근저당을 설정한 공유자는 나머지 공유자들에게 이로 인한 가액감손을 판례(대법원 1993.01.19. 선고 92다30603 판결 공유물분할)에 의해서 보상해야 한다.

이같이 토지를 공유하고 있는데, 공유자 누군가 자신의 지분에 근저당권 등을 설정한 경우, 토지를 현물분할하면 분할된 토지에도 근저당권이 전사된다는 것에 주의가 필요하다. 여기서 근저당권자는 분할된 토지에 대해서도 경매를 신청해 배당을 받을 수 있게 된다.

그렇다면 공유물을 분할하기 전에 다른 공유자에게 자신의 지분에 설정된 근저당권을 말소해줄 것을 협의하거나, 협의가 가능하지 않으면 공유지분에 설정된 근저당권을 말소하기 전에는 공유물을 현물분할하지 않는 것이 좋다.

다음 원고의 준비서면을 보면 필자와 이 같은 법리를 의논해 지금까지 주장한 현물분할을 피고가 원하지 않는다는 핑계를 들어 대금분할로 청구 취지를 변경한다는 요지의 준비서면을 제출했다. 또한, 피고가 조정을 원하고 있으니 원고도 조정하길 원한다는 취지의 준비서면을 제출했다.

공유자들 사이에 협상이 진행되지 않아 공유물분할청구 소송을 하는 경우에도 전사의 법리도 생각해서 현물분할을 해야 할지, 아니면 대금분할을 해야 할지를 정해야 한다.

그렇다면 여기에 나온 것처럼 가압류를 핑계로 원고가 지금까지 주장한 현물분할이 아닌, 대금분할로 진로를 바꾸는 전략도 필요하다.

준비서면

사건 : 2019가단 11 공유물분할청구 소
원고 : 김○○
피고 : 임○○ 외 4명

위 사건에 관해 원고는 다음과 같이 변론을 준비합니다.

다음

1. 원고가 원하는 현물분할의 방법
   가. 피고들이 원하는 부분의 지형(현황 사진)은 논과 접해 있어서 평지가 아닙니다. 추후 주변 토지를 매입해 건축하게 될 경우, 많은 비용이 추가로 소요될 뿐만 아니라, 토지 상호 간에 간격의 차이가 생기게 되어 그 가격이 감소할 염려가 있다할 것입니다.

   나. 따라서 현물분할이 이루어질 경우, 공유자 중 일방이 입는 피해가 막대하다든지, 공유자 간의 얻는 이익이 불균형이 생긴다든지(대법원 1933.1.19. 선고 92다30603 판결)의 사유가 있으면 공유자 간의 공평을 위해 대금분할이 명해질 수 있다고 규정하고 있는바, 피고들이 원고가 원하는 부분의 2/10 토지를 분할해준다면 원고도 현물분할을 원하지만, 그렇지 않다면 지분권자 모두에게 공평하게 배분될 수 있도록 대금분할판결을 해주시기 바랍니다.

2. 결론
   이상과 같이 피고들이 제시하는 안은 피고들에게만 일방적으로 이익이 편중되는 분할안이므로, 원고가 주장하는 분할안을 채택하거나 이것이 어려울 경우, 경매에 의한 대금분할을 명해주시기 바랍니다. 다만, 피고들의 답변서에 화해·조정을 희망하고 있는바, 원고 또한 조정을 구합니다.

3. 타 공유자가 낙찰받은 물건에 거주하는 경우

타 공유자가 내가 낙찰받은 부동산에 법률상 원인 없이 부당하게 점유해 임차료 상당의 이익을 얻었다면 즉, 부당이득금이 발생한 것이다. 이 경우, 타 공유자와 이 금원에 대해 합의가 되지 않으면 부당이득금반환청구소송을 하게 된다. 부당이득금반환청구소송은 부당이득금을 받기 위함도 있지만, 소송을 통한 공유관계 해소를 압박하기 위한 수단으로도 쓰인다.

공유물분할청구소송의 경우, 재판관할은 낙찰받은 부동산이 있는 주소지가 관할법원이다. 그러나 부당이득금반환청구소송과 공유물분할소송을 병합해 같이 제기한다면 원고인 나의 주소지 관할법원에서 소송을 제기할 수도 있다.
지참채무의무에 의해서 원고 주소지 관할법원에서도 가능하다. 물론 공유물분할소송과 부당이득금반환소송을 따로 제기한다면 관할이 다르게 되는 것이다.

　공유물분할소송과 부당이득금반환청구소송을 같이 제기하는 경우, 주된 사건을 부당이득금청구소송으로 해야 원고 주소지 관할법원에서도 소를 제기할 수 있다.
　공유물분할소송은 부동산 소재지가 관할법원이다. 부당이득금소송과 같은 금전 청구에 대한 소송은 원고 주소지가 관할이 될 수 있기 때문에 공유물분할과 부당이득금을 병합해서 소송을 제기하는 경우는 원고 주소지 관할법원에서 진행할 수도 있다.

　하나의 소로 여러 개의 청구를 하는 경우에는 제2조 내지 제24조의 규정에 따라 그 여러 개 가운데 하나의 청구에 대한 관할권이 있는 법원에 소를 제기할 수 있다(민사소송법 제25조(관련 재판적)).

　그러나 주된 소송이 부당이득금소송이고, 병합으로 공유물분할소송을 제기하는 경우가 되어야 다툼의 여지 없이 원고 주소지 관할법원에서 소송을 제기할 수 있다.
　만약 공유물분할소송이 주가 되고, 부당이득금소송이 부인 경우는 소송이 각하되거나, 관할법원을 이관시키므로 공유물분할소송의 관할인 부동산 소재지 관할법원에 다시 제기해야 할 것이다.

　전자소송에서 소가 산정하는 방법은, '6. 병합청구의 소가'에서 가의 (3)을 선택해 계산한다. 공유물분할소송의 소가와 부당이득금소송의 소가를 따로 계산 후 주된 소송이 부당이득금소송인 경우, 부당이득금액을 입력해 소가를 계산한다.

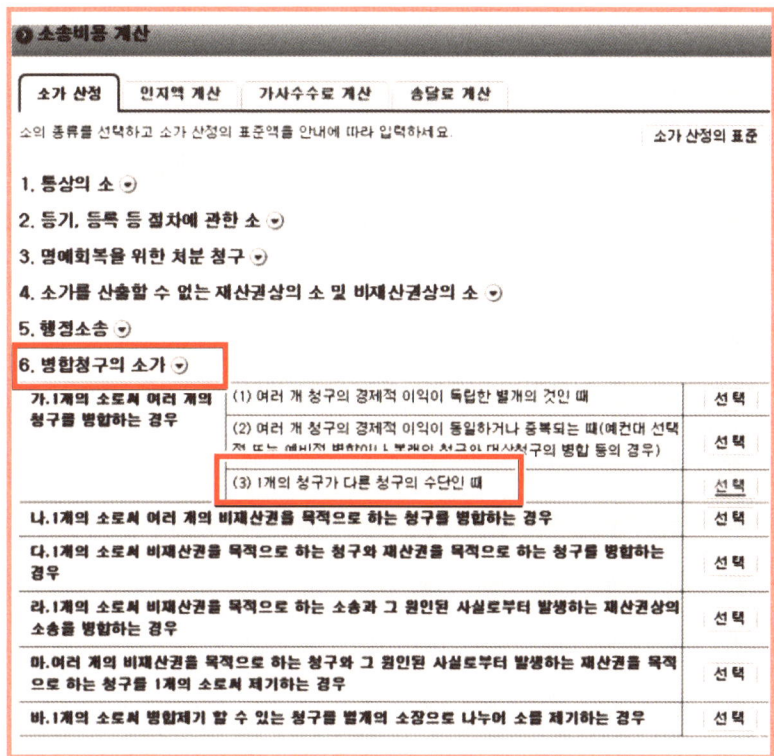

다음과 같은 소송장의 예시를 참고해 소송 제기 시 참고하기 바란다.

소 장

원 고 박**
피고1 이**
피고2 이**

부당이득금반환청구의 소

1. 소송물가액 5,400,000원=5,400,000원(1년 치 임차료)
1. 첨용인지대 27,000원=5,400,000×5/1,000
1. 송달료 144,000원= 4,800원×3인×10회

첨부 서류 포함부본 2부(1부 재판부+1부 상대방용)

의정부지방법원 귀중

소 장

원 고   박** (6분의 3 지분 소유자)
         포항시
피 고 1 이**(6분의 1 지분 소유자)
         경기도
피 고 2 이**(6분의 1 지분 소유자)
         경기도

부당이득반환청구의 소

청 구 취 지

1. 피고들은 원고에게 금 5,400,000원 및 이에 대해 2019. 5. 20.부터 이 사건 소장부본 송달일까지는 연 5%, 그다음 날부터 다 갚는 날까지 연 12%의 각 비율에 의한 금원을 지급하라.
2. 소송비용은 피고들의 부담으로 한다.
3. 위 제1항은 가집행할 수 있다.

   라는 판결을 구합니다.

청 구 원 인

1. 당사자의 지위

원고는 경기도 ****시 ***읍 ***리 ** *****빌라 101동 102호(피고 이**의 2분의 1 지분)의 부동산을 2019.04.24. 의정부지방법원 경매12계 사건번호 20**타경****호 부동산 임의경매로 일금41,010,000원의 매수대금으로 낙찰받아 2019.05.20 적법한 절차에 따라 잔금을 납부하고 소유권이전등기까지 마친 진정한 소유자입니다.

2. 피고들의 부당이득금

가. 공유자였던 노** 씨의(2분의 1 지분권자) 사망으로 상속인이 된 이**(6분의 1 지분), 이**(6분의 1 지분), 서**(6분의 1 지분) 씨가 새로운 공유자가 되었습니다.

나. 위 원고의 소유 부동산(6분의 3)에 관해 피고들 겸 전체 부동산 점유자 이**, 이**은 소유자 원고로부터 어떠한 사용승낙이나 동의 없이 또한 정당한 권원 없이 6분의 3 지분만큼을 2019.05.20.부터 금일 현재까지 무단으로 사용하고 있으며 원고의 몇 차례 명도 및 임료청구 요구에도 불성실한 대응만 하며 진정한 명도나 임료 지급 의사를 보이지 않고 있는바

다. 이에 원고는 이 사건 법률상 피고가 정당한 권원 없이 점유 부동산을 점유, 사용(6분의 3 지분만큼)해 임차료 상당의 부당이득한 점을 이유로 피고들에게 부당이득의 반환을 청구하는 것이며 그 금액은 이 사건의 부동산을 피고가 정당한 권원 없이 점유한 시점을 기준으로 해 청구하는바 피고 이**, 이**은 원고에게 2019.05.20.부터 완제일까지 월 임료 상당의 월금 450,000원의 부당이득으로 반환할 의무가 있다 하겠습니다.

또한, 부당이득의 기준 되는 임차료 기준은 인근 지역의 시세 조사에 의한 것입니다(**부동산, ***부동산).

3. 결론

위에 따라 피고들은 원고에 대해 위 청구 취지 기재 금원을 반환할 의무가 있다 할 것이므로 이를 구하기 위해 이 사건 소를 제기합니다.

첨 부 서 류

1. 갑 제1호증 내용증명 및 메모 2통
1. 갑 제2호증 부동산 등기부등본 1통
1. 갑 제3호증 임차료 청구내역서 1통
1. 갑 제4호증 피고전입세대열람내역 1총
1. 갑 제6호증 등기부등본 1통

20○○. ○. ○.
위 원고 박** (인)

의정부지방법원 귀중

목 록

1동 건물의 표시
경기도 ***시 **읍 **리 ***-** 제101동
[도로명주소] 경기도 ***시 **읍 ***로 **
철근콘크리트구조(철근)콘크리트지붕 4층 공동주택 1층 120.77m^2
2층 120.77m^2
3층 119.47m^2
4층 119.47m^2
옥탑1층 11.7m^2(연면적 제외)

전유 부분의 건물의 표시
제1층 제102호
철근콘크리트구조 53.885m^2

대지권의 목적인 토지의 표시
토지의 표시 : 경기도 ***시 **읍 **리 ***-**
대 962m^2
대지권의 종류 : 소유권대지권
962분의 60.125

임차료 청구 내역서

청구 금액 계산 내역

- 기준시점 : 2019년 05월 20일(매각 잔금 납입일)

- 부당이득금청구 기준 : 인근 유사 부동산 전세금 시세(전세 9,000만 원) (**부동산, ***부동산)

- 점유지분(6분의 3)의 전세금 = 90,000,000원×3/6 = 45,000,000원

- 월차임 전환 시 산정률 기준 : 12%(주택임대차보호법 제7조2항 및 동 시행령 제2조의2 참조)

- 청구 금액 산출근거(연임 차료) : 45,000,000×12% = 5,400,000원 (1년 치 청구분)

- 월 임차료 청구 금액 : 5,400,000원/12개월 = 450,000원

내용증명,
가처분과 인도명령으로 협의 시도

지분을 낙찰받아 시간이 많이 소요되는 본안 소송을 통하지 않고 협의만으로 타 공유자와 합의를 본다면 이보다 운 좋은 경우도 없을 것이다.

협의를 이루려고 내용증명도 보내고 가처분으로 살짝 압박하고, 조금 더 진행한다면 인도명령까지 신청하는 경우도 있다. 낙찰받아 부당이득금으로 시세가 7,000만 원 정도 하니, 연 8%로 환산한 금원이 월 약 46만 원에 이른다는 내용을 통지서로 보낸 것이다.

다음 통지서는 사실 첫 번째 보낸 내용증명으로는 너무 강하게 진행시켜 타 공유자를 자극한 경우라 할 수 있다. 계속적으로 법정이자 12%가 추가된다. 법무비용도 추가가 된다고 하며 상대 타 공유자의 입장도 들어보지 않고 바로 법적인 부분으로 들어가면 양

당사자 간 협의할 여지가 없으니 처음에는 되도록 법을 운운하지 말고 부드러운 표현으로 상대방과 연락을 취하길 권한다.

통고서

수신인 :
발신인 :

부동산 표시 :

1. 발신인은 ○○지방법원 부동산 강제경매사건에 관해 위 표시 부동산을 20○○.2. 낙찰받고 2020.3. 잔대금을 납부해 소유권을 취득했습니다.

2. 귀하는 아무런 권원 없이 임의대로 위 토지에 주택을 축조해 불법으로 사용하고 있으므로 본인이 위 토지를 사용하지 못하고 있는바, 만약 그 토지를 제3자에게 임대했을 경우, 시세 70,000,000원을 기준으로 해 년 8%의 수익을 얻을 수 있는 바 이를 금액으로 환산하면 그 사용료로 매월 금 466,000원의 수익을 얻을 수 있는데 이를 귀하가 사용함으로 인해 귀하는 위 금원에 해당하는 부당이득을 취하고 있다 할 것입니다.

3. 그렇다면 귀하는 이 서면이 도달한 후 조속히 위 토지상에 본인의 동의 없이 불법으로 건축한 주택을 철거해 위 토지를 인도하고, 인도할 때까지의 부당이득금을 매월 1일 금466,000원씩 ○○은행 100-○○○○ 계좌로 지급해주시기 바랍니다.

4. 만약 위 사항을 이행하지 않을 시에는 법에 따라 처리할 수밖에 없기에 법정이자 12%가 추가 산정될 것이며, 이로 인해 발생하는 법무비용을 포함한 모든 비용을 법에 따라 청구할 것이니 유념하시기 바랍니다.

2020.03.17.

낙찰자가 보낸 통지서에 대한 타 공유자의 답변 통지서다. 부당이득금에 대해 인정할 수가 없다는 내용이지만 이 부분에 대해서는 부인한다고 해결되는 문제가 아니니 적극적인 방어가 필요하다.

낙찰받은 토지의 뒷부분에 사용 가능한 부분이 있으니 이 토지를 현물분할로 가지고 가라는 답변이 왔지만, 현실적으로는 가능성이 희박한 제안일 것이다.

타 공유자 역시 법을 운운하는 통지서에 대해서 강하게 답변했다. 네가 법으로 한다면 나도 법으로 대응하겠다고 나오게 만드는 첫 번째 내용증명에 대한 답변서다. 될 수 있으면 첫 번째 통지서에 법을 얘기하지 않기를 바란다.

그리고 마지막으로 원만하게 제안하면, 타 공유자도 원만하게 대응하겠다는 통지로 마무리한다.

통고서에 대한 답변서

수신인 : ○○○ 귀하

1. 귀하가 보낸 통고서에 대한 답변입니다.

2. 통고서에 명시된 부당이득금 466,000원을 본인은 인정할 수도 동의할 수도 없음을 답변드립니다.

3. 토지 중 뒤편으로 사용가능한 면적이 있습니다. 지분만큼 사용 가능하니 사용하셔도 됩니다.

4. 귀하가 법으로 한다면 본인 역시 법으로 적극적으로 대응하겠지만, 한편으로 본인은 귀하가 원만한 협의 내용을 제안한다면 고려해볼 여지는 있습니다.

2020.03.23.

답변인 ○○○

낙찰자와 타 공유자 간 협의가 되지 않으니 낙찰자가 바로 부동산 처분금지가처분을 신청해 인용받아 타 공유자의 지분에 가처분이 등재되기에 이르렀다. 타 공유자에게 대금분할을 요구했으나 타 공유자가 논의 자체를 거부해 가처분 신청에 이른 것이라 설명하고 있다.

공유물분할소송은 아직 제기하기 전에 가처분을 신청해 인용을 받은 것인데 이같이 소제기에 앞서 신청하는 것이 가처분이다.

신 청 원 인

1. 이건의 경위
가. 채권자는 별지목록 기재 부동산(이하 '어건 토지')을 귀원 2019타경20■■호 부동산경매사건 절차에서 매각대금 전액을 납부하고 2020.3.4. ■■지방법원 등기소 접수번호 제219■■호로 공유지분이전등기를 경료함으로써 소유권을 취득하였습니다.

나. 채권자는 위와 같이 이건 토지의 일부 지분을 취득한 후 최근 들어 이건 토지에 대한 공유물의 대금분할을 요구하였으나 채무자들은 이에 대한 논의 자체를 거부하고 있습니다.

다. 사정이 이와 같은 바, 채무자들과의 협의를 통한 공유물 분할은 불가능한 것으로 판단되며 결국 채권자는 채무자들에 대한 공유물 분할청구소송을 통하여 이 문제를 해결하고자 귀원에 공유물분할청구의 소를 제기할 예정입니다.

2. 보전의 필요성
이상과 같이 채권자는 채무자들을 상대로 공유물분할청구의 소를 귀원에 제기할 예정이나 분할에 관한 논의조차 거부하고 있는 채무자들의 태도로 미루어 보아, 이건 토지에 관한 자신들의 지분을 타에 처분할 우려가 있고 또한 사해행위를 통하여 가등기, 저당권 등을 경료할 우려가 있는 바. 이럴 경우 채권자로서는 후일 본안소송에서 공유물분할 판결을 받게 되더라도 그 목적을 달성할 수 없게 되므로 그 집행을 보전하기 위하여 본 신청에 이른 것입니다.

3. 담보의 제공
채권자와 채무자들 간 공유물분할에 따른 가처분 내지 본안소송으로 채무자들이 실질적으로 입게 될지도 모르는 손해는 거의 없다고 할 것이므로 이 사건에 대한 담보제공은 적은 금액으로 하여 보증보험 주식회사의 지급보증위탁계약을 체결한 문서로 갈음하여 제출할 수 있도록 허가하여 주시기 바랍니다.

가처분 신청을 하고 결정문 받기 전에 법원으로부터 송달받은 보정서다. 가처분 신청 시에는 별지 목록에 반드시 가처분할 대상 지분 표시를 꼭 해야 한다.

그리고 목적물가액 산정식에 대해서 설명이 필요하니 대한법률구조공단의 소송비용 자동계산에서 산출된 내용을 프린트해서 신청서에 첨부하고, 별지로 그 입력한 위치지수, 구조지수, 용도지수와 같은 토지대장 등에서 넣은 입력값 등을 표시해 제출하는 것이 이 같은 보정서를 받지 않은 데 필요한 부분이다.

■■ 지방법원
보 정 명 령

사 건   2020카단   부동산처분금지가처분
채 권 자
채 무 자   ■■■ 외 3명

[채권자1   ■■■■] (귀하)

채권자는 이 명령이 송달된 날로부터 7일 안에 흠결사항을 보정하시기 바랍니다.

흠 결 사 항
1. 채권자의 최근 3개월 내 법인등기부등본을 제출하시기 바랍니다.
2. 목적물 가액 산정식을 제출하시기 바랍니다.
3. 별지에 각 채무자들의 가처분 대상 공유지분을 기재하시기 바랍니다.

2020. 3. 23.

판 사

※ 보정기간 내에 보정하지 않으시면 신청서가 각하될 수 있습니다.

법원의 보정명령에 대한 법원에 제출한 보정서 양식이니 참고하기 바란다.

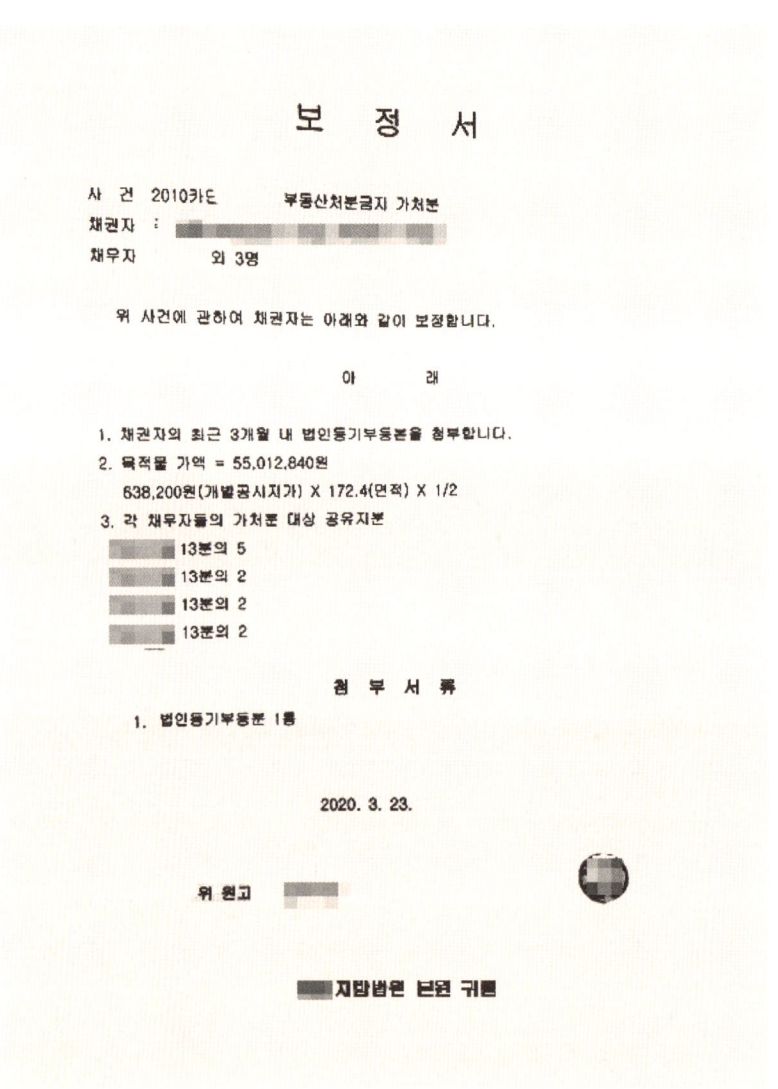

부동산 처분금지가처분 결정문이다. 담보로 공탁보증보험증권(서울보증보험 회사)을 제출하고 결정문을 받아 가처분을 인용받았다.

○○지방법원

결정

사건 : 2020 부동산 처분금지가처분

채권자 : ○○○

채무자 : 1.
       2.
       3.
       4.

주문

채무자들은 별지 기재 부동산에 대해 매매, 증여, 전세권·저당권·임차권의 설정 기타 일체의 처분행위를 해서는 안 된다.
피보전권리의 내용 공유물분할을 원은으로 한 소유권이전등기청구권

이유

이 사건 부동산 처분금지가처분 신청은 이유 있으므로 담보로 공탁보증보험증권(서울보증보험주식회사 증권번호 제100-000 7호)을 제출받고 주문과 같이 결정한다.

2020.3.25.

판사 ○ ○ ○

※ 1. 이 가처분 결정은 채권자가 제출한 소명자료를 기초로 판단한 것입니다.
2. 채무자는 이 결정에 불복이 있을 경우 가처분이외나 취소 신청을 이 법원에 제기할 수 있습니다.

타 공유자가 낙찰받은 지분물건에 점유하고 살고 있으므로 부당이득금이 발생함을 내용증명을 통해서도 통지한 바가 있다.

이같이 부당이득금이 발생하는 물건은 대부분 그곳에 점유하고 있는 타 공유자나 채무자에 대해 퇴거할 것을 명하는 '인도명령'을 신청할 수 있다. 타 공유자 혹은 임차인이 점유하고 있는 경우에 인도명령 신청이 가능한 경우에 관해서 공부해보자.

우선 임차인은 대항력 있는 임차인과 후순위임차인에 대해서 살펴본다. 그리고 낙찰받은 지분이 1/2 미만이거나 이상인 경우에 대해서도 생각해야 한다. 낙찰받은 지분이 1/2 미만인 경우는 인도명령을 신청할 수가 없고, 과반수 이상인 경우만 가능하다.

그러나 낙찰자도 과반수 미만이고, 점유자도 과반수 미만의 지분 비율을 소유하고 있다면 인도명령 신청이 가능한 사실을 기억해야 한다. 지분 1/2을 낙찰받아 소유권을 취득하면 임대차 등의 관리행위는 할 수 없지만, 보존행위는 할 수 있다는 민법 265조를 참고하면, 다음과 같은 판례가 도움이 될 것이다.

공유물 보존행위에 기해 낙찰받은 아파트에 거주하는 1/2 지분 소유자를 상대로 인도명령 신청을 할 수 있다. 1/2 지분을 가진 기존소유자는 과반수가 되지 않기에 낙찰받은 1/2 지분권자와 협의 없이는 독점해 사용할 수가 없어 인도명령 신청을 하면 인도명령 결정이 나올 수 있다(대법원 2002다57935 참고).

그러나 최근판례가 변경되었다.
부당이득금 반환 소송(2018다287522)에서 토지 공유자 가운데 일부가 다른 공유자와 상의 없이 공유 토지를 무단으로 독점해 사용하더라도 방해배제청구만 할 수 있을 뿐 해당 토지에 대한 인도청구까지 할 수는 없다는 대법원 전원합의체 판결이 나왔다.
공유물 보존행위로서 토지 인도 청구를 허용해온 기존 대법원판례를 변경한 것이다.

부동산인도명령신청

신청인 ▇▇▇▇ (TEL. ▇▇▇▇▇▇▇▇)
     ▇▇▇▇▇▇▇▇▇▇▇▇▇▇
     ▇▇▇▇

피신청인 ▇▇▇▇▇▇▇▇▇

신 청 취 지

피신청인은 신청인에게 별지목록기재 부동산을 인도하라
라는 재판을 구합니다.

신 청 이 유

1. 신청인은 별지목록기재 부동산을 ▇▇ ▇▇ 낙찰받아 2020. 3. 3. ○○법원 등기 접수 제 ▇▇▇호로 소유권이전등기를 필한 적법한 소유자입니다.

2. 그러나 피신청인은 경매개시결정이후에도 위 부동산에 전입하여 현재까지 위 부동산을 불법점유하면서 신청인의 수차례에 걸친 명도요구에도 불구하고 전혀 이에 응하지 않고 있습니다.

3. 이에 신청인은 부득이 피신청인을 상대로 위와 같은 결정을 구하고자 본 신청에 이른 것입니다.

첨 부 서 류

1. 등기부등본
1. 위 임 장

2020. 3. . .

위 신청인 주식회사 ▇▇▇▇
         사내이사 ▇▇▇

○○지방법원귀중

채권자의 인도명령 신청에 법원에서 심문서를 타 공유자에게 보내 점유권원과 계약서 제출을 요구하고 있다.

여기에 타 공유자가 답변하는 '의견진술서'를 재판부에 제출한 것이다.

피신청인이 이 건 부동산에 전입한 사실도 거주한 사실도 없는데 신청한 것이 사실이라면, 기각이 나올 확률이 높음을 알 수가 있다.

여기에서 제시한 내용증명, 가처분, 인도명령 신청 등을 공부해 타 공유자와 바로 협의가 진행되지 않을 경우, 추진하고 제기하는 법적인 진행 프로세스를 소개하는 것이다.

공부에 도움이 되었으면 한다.

■■지방법원
심 문 서

사 건   2020타ㅇ■■■■■ 부동산인도명령

신 청 인   주식회사

피신청인

위 사건에 관하여 채권자의 신청이 있어 아래 사항에 대하여 심문하고자 하오니 성실히 답변하여 주시기 바랍니다.

-아 래-

위 당사자 사이의 신청인으로부터 별지 기재와 같이 부동산인도명령신청이 있으므로 피신청인은 점유권원을 밝히고 이를 인정할 계약서등을 제출하고, 의견이 있으시면 이 서면이 도달한 날로부터 7일 이내에 서면으로 진술하여 주시기 바랍니다.

2020. 3. 27.

판사

의 견 진 술 서

사 건   2020 타인   부동산인도명령

채권자

채무자

귀원 위 사건의 피신청인은 아래와 같이 심문서에 대하여 의견을 진술합니다.

1. 피신청인은 이 건 부동산에 전입한 사실도 거주한 사실도 일체 없습니다.

2. 피신청인은 이 건 부동산지분을 경매로 소유권을 잃은 억울한 피해자입니다.

3. 신청인은 의도적으로 피신청인의 지분 소유를 경매로 낙찰 받아 사회상규에 위반되는 억지 주장으로 감정가보다 비싸게 임대료 지급을 요구하고 있습니다.

4. 이 건 부동산은 원래 피신청인의 망 부친 소유였는데 피신청인을 비롯 형제자매들(5명) 지분을 경매신청 채권자가 대위하여 경매신청을 제기하여 피신청인은 법절차를 몰라 공유자 우선매수 신청을 못하였습니다.

5. 신청인은 피신청인의 공유자 우선매수 신청을 하지 않는 약점을 이용하여 피신청인 지분을 경매로 낙찰 받음과 동시에 토지 지분 임차료 청구는 물론 이 건 인도명령신청 제기 하였습니다.

6. 피신청인은 정말로 억울한 입장임을 법원에서 헤아려 적의처리하여 주시기 바랍니다.

Part 04 지분경매 실전사례

사례로 풀어보는 지분경매

제1판 1쇄 2020년 6월 25일
제1판 2쇄 2023년 3월 31일

지은이 조홍서
펴낸이 최경선　**펴낸곳** 매경출판㈜
기획제작 ㈜두드림미디어
책임편집 최윤경
마케팅 김성현, 한동우, 김지현

매경출판㈜
등　록 2003년 4월 24일(No. 2-3759)
주　소 (04557) 서울시 중구 충무로 2(필동 1가) 매일경제 별관 2층 매경출판㈜
홈페이지 www.mkbook.co.kr
전　화 02)333-3577(내용 문의 및 상담)　02)2000-2636(마케팅)
팩　스 02)2000-2609　**이메일** dodreamedia@naver.com
인쇄·제본 ㈜M-print 031)8071-0961

ISBN 979-11-6484-137-0　03320

책값은 뒤표지에 있습니다.
파본은 구입하신 서점에서 교환해드립니다.

이 도서의 국립중앙도서관 출판예정도서목록(CIP)은 서지정보유통지원시스템 홈페이지(http://seoji.nl.go.kr)와
국가자료공동목록시스템(http://www.nl.go.kr/kolisnet)에서 이용하실 수 있습니다.
(CIP제어번호: CIP2020023786)

부동산 도서 목록

#

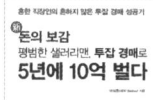   

㈜두드림미디어 카페(https://cafe.naver.com/dodreamedia)에 가입하시면 도서 1권을 보내드립니다.